현직
교사들을
통해 알아보는

교사 어떻게

How did they become Teacher?

되었을까?

CampusMentor
캠퍼스멘토

" 도움을 주신 선생님들을 소개합니다 "

박미화 교사
수원 소화 유치원

- 현) 경기 수원 소화 유치원 교사
- 국제사이버대학 아동학과 졸업
- 동남보건대학교 유아교육과 졸업

정재흠 교사
파주 운광 초등학교

- 현) 경기 파주 운광 초등학교 교사
- 경인교육대학교 교육대학원 초등컴퓨터교육학 석사
- 경인교육대학교 실과교육과 졸업

김명연 특수 교사
용인 강남학교

- 현) 경기 용인 강남학교 특수 교사
- 가톨릭대학교 특수교육과 졸업

원정남 보건 교사
용인 모현 중학교

- 현) 경기 용인 모현 중학교 보건 교사
- 1999년 국군수도병원 외과 간호 장교
- 1995년 국군일동병원 간호 장교
- 국군간호사관학교 졸업

이일주 진로진학상담 교사
경북 체육 고등학교

- 현) 경북 체육 고등학교 진로진학상담 교사
- 충남대학교 공과대학 화학공업교육과 졸업

이상종 교사
서울 광운전자공업 고등학교

- 현) 서울 광운전자공업 고등학교 교사
- 광운대학교 교육행정대학원 휴학 중
- 광운대학교 전자공학과 졸업
- 부산전자공업 고등학교 전자과 졸업

김지태 수석 교사
성남 한솔 고등학교

- 현)경기 한솔 고등학교 수석 교사
- 단국대학교 교육대학원 국어교육학 석사
- 숭실대학교 인문대학 국어국문학과 졸업

이 책의 구성

Chapter 1

교사, 어떻게 되었을까?

Chapter 2

교사의 생생 경험담

Chapter 3

삶을 이끄는 안내자, 교사가 되기까지

교사, 어떻게 되었을까?

교사란?

교사는

어린이집·유치원·초등학교·중학교·고등학교 학생들에게 수업 시간에 정해진 과목을 가르치고, 학생들이 건전한 인격체로 성장할 수 있도록 생활 지도를 담당한다.

예부터 '스승은 마음의 어버이'라는 말이 있다. 이는 학교의 교사가 부모님 못지않게 아이들에게 많은 영향을 미치는 중요한 존재라는 의미이다. 학생들이 학교 현장에서 배우는 것은 지식뿐만 아니라 살아가면서 배워야 할 대부분의 것들을 같은 또래의 친구들과 함께 배우면서 서로 소통하는 과정이기 때문에 교사의 역할은 예나 지금이나 변함없이 앞으로도 지속될 것이다.

교사가 하는 일

교사가 학생들을 가르치는 과정에서 교사와 학생들 간의 상호 작용은 교육에 있어 매우 중요하다. 따라서 교사의 역할은 학생들을 가르치는 교육의 과정에서 가장 중요한 요소로 작용한다. 교육 현장에서 교사의 역할을 정리해 보면 다음과 같다.

■ 수업을 진행한다.

학생들을 대상으로 수업을 진행하는 것은 학생 개개인의 능력과 필요에 알맞은 지식과 기능을 가르치는 일이다. 교사는 직접 가르치기도 하며 또 학생들로 하여금 스스로 학습할 수 있는 환경을 만들어 주고, 이를 도와줌으로써 간접적인 교수 기능을 하기도 한다.

■ 학생의 사회화를 돕는다.

교사는 학생들에게 사회생활에서 필요한 지식이나 기능, 태도, 사회 규범, 인성 등을 갖추도록 도와 학생들이 건전한 인격체로 성장해 사회 구성원으로 생활할 수 있도록 학생들의 사회화를 도와준다. 교사의 모습은 학생들의 가치관이나 태도, 인성 등을 형성하는 데 커다란 영향을 미치므로, 교사는 학생들에게 긍정적인 영향을 줄 수 있도록 항상 모범적인 모습을 보여야 한다.

■ 평가를 담당한다.

평가는 교사의 가장 기본적인 역할로, 학습뿐만 아니라 교육 과정 전 과정에서 자연스럽게 이루어진다. 교사는 학생 개개인의 평가를 통해서 교육 목표를 설정하고, 그 목표의 달성 정도를 파악하는 중요한 일을 담당한다.

■ 생활 지도 및 상담을 한다.

교사에게 있어 생활 지도는 수업과 더불어 매우 중요한 역할이다. 담임 교사는 학생들과 가장 많이 접촉하며 그 과정에서 학생 개개인의 성품과 문제를 파악하는 데 가장 유리하다. 따라서 학생들이 겪게 되는 학업, 진로, 교우 관계 등 전반적인 문제에 대해 상담 활동을 통해서 도와줄 준비를 갖추어야 한다.

교사의 분류

1 진학 과정에 따른 교사의 분류

보육 교사
어린이집·놀이방

유치원 교사
유치원

→ 초등 교사
초등학교

→ 중등 교사
중학교 고등학교

→ 교수
대학교

보육 교사

- 어린이집이나 놀이방 등의 보육 시설에서 근무하며, 6세 미만의 취학 전 아동이 성장·발달의 과정에서 신체적·사회적·정서적·지적 발달을 균형 있게 성장할 수 있도록 영유아들을 가르치는 일을 한다.
- 부모들이 자녀 걱정 없이 사회·경제 활동을 할 수 있도록 부모와 원활한 의사소통을 통해 정보 교환을 함으로써 교사나 보육 시설에 대한 신뢰감을 형성한다.
- 영유아와 공감력, 희망적이고 긍정적인 사고, 원만하고 조화로운 대인 관계 능력, 심신의 건강 등의 개인적인 자질과 전문 지식, 교육 기술, 보육에 자부심을 갖는 전문적인 자질을 갖추어야 한다.
- 종사 현황

성별

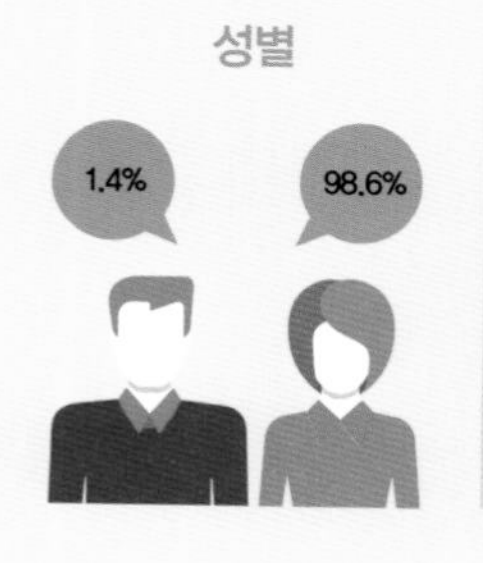

연령

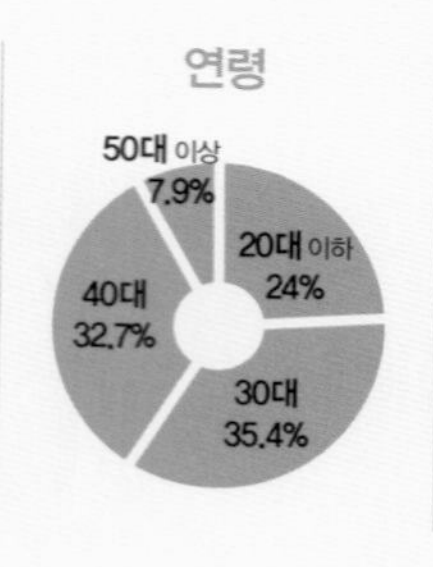

학력 분포

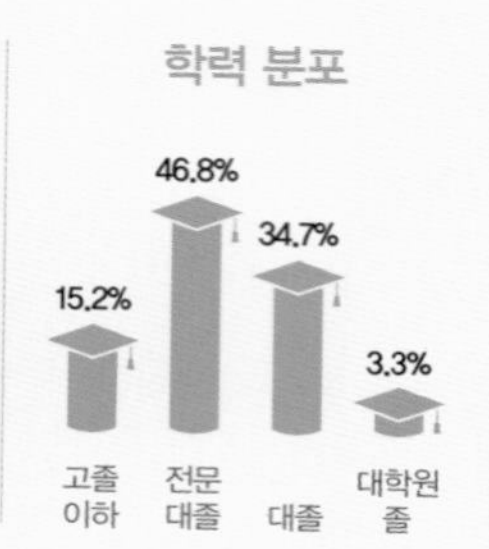

임금 수준

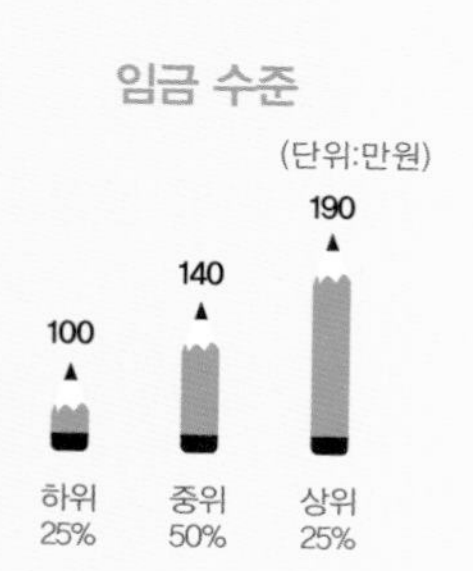

유치원 교사

- 만 3세 이상의 아동부터 초등학교 입학하기 전까지의 아동들을 가르치는 일을 한다.
- 아이들의 몸과 마음을 건강하고 고르게 발달할 수 있도록 교육하고 지도한다.
- 쓰기, 읽기, 숫자 공부 같은 학습부터 노래, 율동, 그림 그리기 등의 예능 교육까지의 모든 교육을 담당한다.
- 아이들을 좋아하고 사랑하는 마음을 갖고 있어야 하고, 아이들의 정서 발달에 많은 영향을 끼치기 때문에 교사로서의 사명감, 정확한 정보를 전달하는 능력, 인내심과 포용력 등을 갖추어야 한다.
- 종사 현황

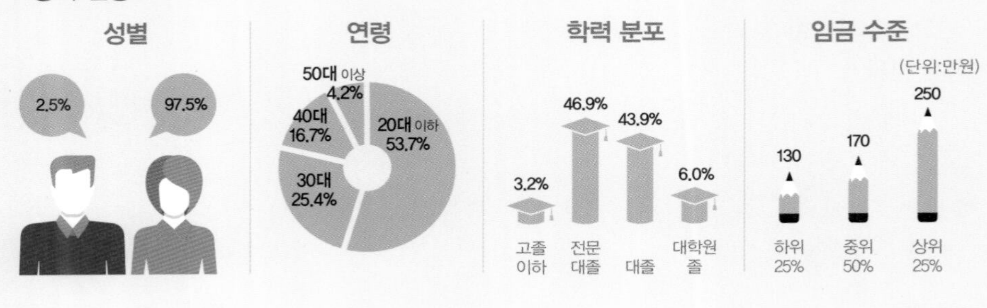

초등 교사

- 초등학생들에게 교과목을 가르치는 일을 한다.
- 과학, 체육, 음악, 미술, 영어 등 일부 교과는 교과 전담 교사가 수업을 담당하지만, 주요 과목은 담임 교사가 전담하여 가르친다.
- 초등학생들은 사회성이 완전하지 못한 상태이므로 친구들과의 원만한 관계, 급식 지도, 등하교 지도 등과 같은 기본 생활 습관부터 학생 간 폭력 예방 교육, 학교 안에서의 안전 교육 등 공부 이외에도 많은 것을 가르친다.
- 아이들을 아끼고 사랑하며 이해하는 마음이 있어야 하며, 교사로서의 사명감, 아이들에게 모범이 될 수 있는 도덕성과 인격을 갖추어야 한다.
- 종사 현황

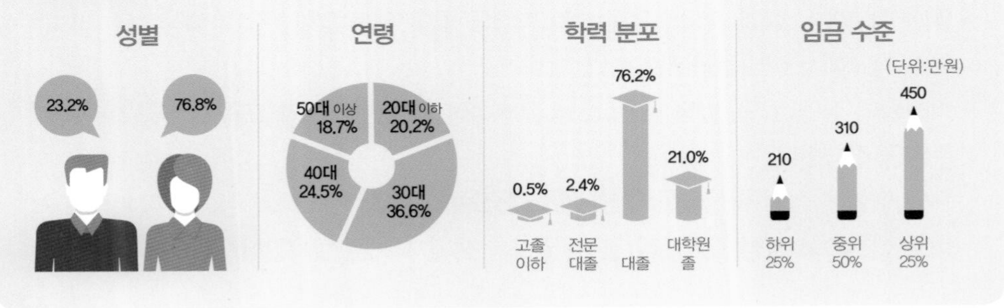

중등 교사

- 자신의 전공 교과만 전문적으로 가르친다.
- 학교의 교육 계획과 수업 일수 등에 맞추어 학습 계획안 작성부터 교과서를 비롯한 다양한 부교재를 활용하여 학생들에게 수업을 진행한다.
- 학생들의 수업 효과를 높이기 위해 실험·실습을 지도하고, 시험을 출제하며 학생들의 평가 업무도 담당한다.
- 학습 지도 이외에 담임으로 학생들을 관리하고 학생들의 생활 지도, 학생 및 학부모와의 상담 활동 등도 한다.
- 중등 교사는 교직에 대한 사명감과 학생들을 사랑하고 이해하는 자세, 도덕성과 올바른 인격을 갖추어야 한다.
- 종사 현황

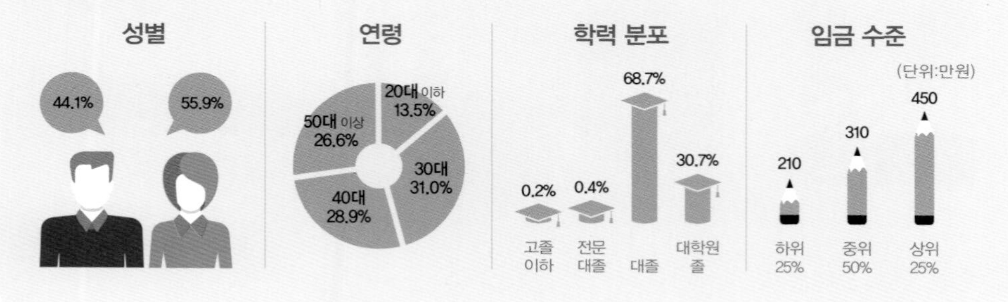

업무에 따른 교사의 분류

특수 교사

- 신체적·정신적으로 장애가 있는 학생들만을 대상으로 교육을 진행한다.
- 일반 학교에서 장애 학생으로 구성된 학급을 맡아 지도하거나 장애 학생들만 다니는 특수 학교에서 아이들을 지도한다.
- 학생들의 장애 정도, 발달 상황 등을 고려하여 적절한 교재와 교육 방법을 이용하여 수업을 진행한다.
- 수업 이외에 장애 학생들이 일상생활에 필요한 기본적인 지식과 장애를 극복하고 사회 구성원으로 자신 있게 살아갈 수 있도록 생활 지도를 실시한다.

보건 교사

- 학교 보건 사업에 대한 계획을 집행한다.
- 학교 신체검사를 실시하고, 교직원과 협력하여 신체검사 결과를 처리한다.
- 학교의 전염병 예방 사업을 보조한다.
- 안전 계획 수립과 돌발 사고에 대한 구급 처치를 한다.
- 학교 급식 및 조리장의 청결 정도·급식 준비·영양·식중독 등에 대한 조언을 한다.
- 건강 상담, 건강 관찰을 담당한다.
- 보건 교육 및 보건 통계 작성과 보건 사업 평가를 조력한다.
- 필요시 가정 방문에 의한 보건 지도를 한다.

전문 상담 교사

- 중·고등학교에서 학생들의 학업, 진로 문제, 이성 문제 및 학교 생활 전반에 대해 상담하고 지도한다.
- 성격, 적성, 지능, 진로 및 신체적·정서적·행동적 증상을 평가하기 위한 검사를 실시하고, 검사 결과를 해석해 주며 이에 따라 상담을 실시한다.
- 상담은 개인 상담, 집단 상담, 자기 성장 프로그램, 대인 관계 향상 프로그램 등 다양한 방식으로 진행된다.
- 학생들의 생활 지도 정책 및 방법 개발을 위하여 조사·연구하고 계획을 수립한다.
- 지역 사회 관련 기관 및 학교 관련 기관과 연계하여 학생 생활 지도를 실시한다.

영양 교사

- 학생들의 기호, 영양가, 조리 능력, 비용 등을 기초로 급식 운영 계획을 수립하고 식단표를 작성한다.
- 조리된 음식의 조화·맛을 평가하기 위하여 검식한다.
- 식품 재료를 선정하고, 검수·관리한다.
- 주방 기구 및 설비의 위생을 점검한다.
- 조리 담당자의 조리·위생 상태를 관리·감독하고 교육한다.
- 학생 및 학부모를 대상으로 영양 상담을 실시하고, 교실 순회를 통한 식사 예절 교육을 실시한다.
- 게시판, 인터넷, 방송 등을 통해 식생활 정보를 제공하거나 영양 교육 프로그램을 개발하여 진행하기도 한다.

수석 교사

- 수업에 전문성이 있는 교사를 수석 교사로 선발해 그 전문성을 다른 교사와 공유하는 교원 승진의 자격 체계가 만들어지면서 생긴 직급이다.
- 본인의 수업 이외에 동료 교사의 수업과 연구를 지원하고, 학생의 생활 지도나 장학 컨설팅 등 추가 역할을 하기 때문에 주당 수업 시수는 줄어든다.
- 임기는 4년으로 지원 자격은 교육 경력 15년 이상인 교육공무원으로 한정되며, 매달 일정 금액의 연구 활동비도 지원받는다.
- 재임 기간 동안 매년 업적 평가와 연수 실적 등을 반영해 재심사를 받고, 그 결과에 따라 연임 여부가 결정된다. 단, 수석 교사로 선발된 교사는 퇴직 때까지 교육행정관료직(교장, 교감, 장학사 등)에는 진출이 불가능하다.

교감 · 교장

- 학교에서 교감과 교장은 관리자로 구분되며, 평교사에서 승진하기까지 치열한 경쟁을 거친다.
- 교감은 교장을 보좌하여 학교를 운영하는 행정관리자로서 교장의 명을 받아 교무를 관장하며, 학생을 교육하고 교장의 유고 시에는 교장을 대리한다. 학교 행정에서 학교장과 더불어 학교 경영의 전반에 걸쳐 그 역할을 수행한다.
- 교장은 학교를 대표하는 지도자로 학교 운영의 최고 책임자이다. 학교가 원만히 돌아가고 교사들이 교육 목표에 따라 학생들을 지도할 수 있도록 관리한다. 학교의 교육 활동 계획, 학교 예산 수립 및 집행, 각종 학교 내 행정과 관련한 일들도 관리 감독한다.

장학사

- 교육위원회, 교육연구원, 시·군 교육청 등에 소속되어 학교 현장에서 원활한 교육 활동이 이루어지도록 학교를 주기적으로 관리 · 감독하고, 교과 과정, 교육 방법 등을 평가하여 학교 현장에서 발생하는 각종 문제들에 대해 협의하고 조언하는 역할을 담당한다.
- 교사의 수업 능력과 학습 결과를 평가하고, 이를 보고서로 작성하여 각 시·도 교육청 및 지역 교육청에 보고한다.
- 교직의 특수성에 맞게 행정관리직(교장, 교감)과는 분리된 교육전문직이다.
- 장학사가 되기 위해서는 교사로 일정 기간 경력을 채운 다음, 일정 절차에 따라 공개 경쟁을 거쳐 임명된다.

교사의 자격 요건

교사는 어떤 특성을 가진 사람들에게 적합할까?

- 관찰력, 통솔력, 돌발 상황에 대처할 수 있는 능력 등이 요구되고, 각 과목에 대한 지식과 전달 능력이 있어야 하며 정확한 언어 구사 능력이 필요하다.
- 교육자로서의 사명감과 책임감, 도덕성이 요구되며, 어떤 상황에서도 냉정함을 잃지 않는 침착함과 원만한 성격, 학생들에 대한 이해와 사랑이 있어야 한다.
- 남에 대한 배려, 책임감, 자기 통제 능력, 독립성, 리더십 등의 성격을 가진 사람들에게 유리하다.
- 아이들의 개인별 특성을 알아야 하기 때문에 섬세한 사람에게 유리하며, 인내력과 포용력이 있어야 한다.
- 어떤 상황에서도 침착하게 문제를 해결할 수 있는 문제 해결력, 자기 통제 능력, 학습 전달 능력이 요구되고, 장애인에 대한 남다른 애정과 희생, 봉사 정신이 있는 사람에게 적합하다.

• 출처: 한국직업능력개발원 커리어넷

교사와 관련된 특성

도덕성
리더십
희생
통솔력
학습 전달 능력
학생들에 대한
이해와 사랑
언어 구사 능력
원만한 성격
지식
자기 통제 능력
문제 해결력
사명감
봉사 정신
책임감

톡(Talk)!
박미화

유치원 교사로서 가장 중요한 것은 바른 인성입니다.

유치원 교사에게 가장 중요한 것은 첫 번째, 교육에 따른 아이들의 변화를 다그치기보다 기다려 주는 것과 아이들의 이야기를 경청하는 자세입니다. 두 번째, 동료 교사와 원장, 학부모들과의 원만한 관계가 중요합니다. 이런 것이 제대로 이루어지기 위해 교사에게는 올바른 인성이 필수 조건이라고 생각합니다.

톡(Talk)!
정재흠

초등학교 교사가 갖추어야 할 자질 또한 바른 인성이라고 생각합니다.

수업 시간에 학생들이 이해하기 쉽게 가르치는 선생님, 학급 성적이나 과목 성적이 높게 나오도록 가르치는 선생님, 유머 감각이 뛰어나 학생들을 즐겁게 만드는 선생님, 학생들이 잘 따르는 인자한 선생님 등 교사마다 특성이 있습니다만, 저는 예의 바른 학생으로 가르치는 것을 최우선으로 합니다. 그러므로 초등학교 교사가 갖추어야 할 자질 또한 바른 인성이라고 생각합니다.

톡(Talk)!
김명연

인내와 포용력이라고 생각해요.

장애 학생들은 학습 속도가 느려 예상하던 것보다 훨씬 더 많은 시간을 기다려 줘야 해요. 학생의 발전된 모습을 보기 위해서는 일주일, 한 달, 아니 일 년이 걸리고, 그 이상이 걸리기도 하거든요. 또한, 우리 아이들은 자신이 원하는 것을 표현하기 힘들고, 원치 않는 것을 말하지 못하는 아이들이 많아요. 제가 사랑으로 감싸 주면 선생님의 마음을 아는지 아이들도 조금씩 변하고 성장해 가더라고요.

톡(Talk)!
원정남

끊임없는 열정이 필요합니다.

학생들의 편에서 공감하고, 몸과 마음이 아픈 학생들과 대화하고 도움을 주기 위해서는 끊임없는 열정이 필요합니다. 학생들은 선생님이 자신들에게 사랑과 열정을 가지고 있는지를 첫눈에 알아보고 그들 또한 마음을 열지 말지를 결정한다고 생각하거든요.

톡(Talk)!
이일주

학생들에게 긍정적인 시선을 갖는 것이 중요해요.

교육의 시작은 인간의 존엄성을 존중하고, 학생 한 명 한 명의 인격을 존중하는 데에서 출발합니다. 학생이 조금 부족하다고 해서 쉽게 판단해서는 안 되며, 언제든지 좋아질 가능성이 있는 존재로 인식하는 것이 중요합니다.

톡(Talk)!
김지태

학생들에게 희망을 심어 주어야 합니다.

교사는 학생들에게 항상 희망을 줄 수 있는 밝은 모습을 보여주어야 합니다. 주변 환경에 의해 흔들리지 않고, 항상 학생들에게 희망을 불어넣어 줄 수 있는 자세를 지니도록 자기 관리를 해야 합니다.

톡(Talk)!
이상종

안내자의 역할을 할 수 있어야 해요.

교사는 학생들에게 방향을 제시할 줄 알아야 합니다. 학생들 스스로가 자신들의 소질과 흥미 그리고 노력의 결실에 따라 건강하고 바람직한 방향으로 성장해 나갈 수 있도록 이끌어 주고 지켜봐 주는 안내자 역할을 할 수 있어야 합니다.

내가 생각하고 있는 교사의 자격 요건을 적어 보세요~

교사라는 직업의 좋은 점·힘든 점

톡(Talk)!
박미화

| 좋은 점 |

아이가 긍정적으로 변하는 모습을 보면 교사로서 성취감을 느껴요.

아이들이 긍정적으로 변하는 모습을 보고 있노라면 '나 좀 괜찮은 교사인 걸…….'이라며 자부심을 느낍니다. 유아가 가지고 있는 문제 행동이 수정될 수 있도록 지도하였을 때 아이가 긍정적인 모습으로 바뀌었다면 말로 다하지 못할 성취감도 얻게 됩니다. 이런 기쁨들로 인해 잘 웃고 매사에 긍정적으로 생각하게 되어 사람들로부터 '너를 만나면 참 기분이 좋아져.'라는 말을 많이 듣습니다.

톡(Talk)!
김명연

| 좋은 점 |

입시 스트레스를 받지 않아서 좋아요.

입시 위주의 공부나 주입식 교육은 특수 교육에서는 중요하지 않아요. 학생들의 일상생활 기술이 얼마나 향상되었는지, 사회의 일원으로 살아가기 위해 필요한 기본적인 지식을 갖추었는지가 가장 중요한 교육 목표거든요. 그래서 교사들도 학생들에게 스트레스를 주며 대학 보내기 위한 공부를 하지 않아도 되죠.

톡(Talk)!
정재흠

| 좋은 점 |

부부 교사라서 여러 좋은 점이 있어요.

부부 교사로 재직하고 있는데, 부부 교사로 지내다 보면 단점보다는 장점이 훨씬 많답니다. 서로의 직장 생활을 충분히 이해하고 고민도 나눌 수 있고요. 방학 기간에 여가를 함께 보낼 수 있는 것이 장점입니다.

톡(Talk)!
원정남

| 좋은 점 |

학생들의 마음의 상처까지 치료해 줄 수 있어요.

아픈 학생들의 눈에 보이는 외상의 처치뿐만 아니라 마음까지 헤아리며 교감할 수 있다는 점에 자부심을 느낍니다. 이럴 때 진정한 보건 교사라는 직업인으로서의 보람도 느끼거든요.

톡(Talk)!
이일주

| 좋은 점 |

시간적인 여유가 있는 것이 매력입니다.

다른 직업에 비해 사회적인 신뢰성, 직업 안정성, 보람뿐만 아니라 시간적 여유가 있다는 것이 큰 매력입니다. 교사는 다른 직업에 비해 근무 시간이 일정하고 규칙적이며, 방학이 있어 자유 시간을 이용해서 새로운 것을 배울 수 있고 배운 것을 아이들에게 가르칠 수 있습니다.

톡(Talk)! 김지태

| 좋은 점 |

가진 지식을 나누면서 배울 수도 있습니다.

사람들은 대부분 스스로를 위해 무언가를 배우곤 합니다. 하지만 교사들은 학생들에게 어떻게 잘 전달하고, 쉽게 알려 줄까를 고민하면서 많이 배우게 됩니다. 이러한 삶의 자세를 갖게 되는 것만으로도 교사는 멋진 직업이라고 생각합니다.

톡(Talk)! 이상종

| 좋은 점 |

즐겁게 보람을 느끼며 살아갈 수 있어요.

그래서 교직은 하늘이 내려준 천직이라는 말이 있었습니다. 긍정적인 자세와 즐거운 마음으로 봉사한다는 마음가짐으로 임한다면, 즐겁게 보람을 느끼며 살아가지 않을까 합니다.

톡(Talk)! 박미화

| 힘든 점 |

다방면에서 만능 재주꾼이 되어야 합니다.

유아를 교육하는 것은 업무의 일부분이고, 그 밖에 해야 하는 일이 많습니다. 교실 청소는 물론 유아들 양치 컵, 칫솔까지 세척하고 학부모 상담을 하며, 다양한 재료와 교수 학습 방법을 적용하여 다음날 수업을 준비하는 과정이 수월하지는 않습니다.

톡(Talk)!
정재흠

| 힘든 점 |

체력적으로 힘들 때가 있어요.

교사는 하루 종일 서서 가르치는 경우가 많고, 큰소리로 말을 해야 하는 직업이라 체력적으로 힘들 때가 많아요. 또 저마다 다른 환경에서 자라고, 개성이 다른 학생들을 가르치고 돌보는 과정에서 발생하는 육체적 · 정신적 스트레스도 힘든 점입니다.

톡(Talk)!
김명연

| 힘든 점 |

문제 행동을 하는 학생을 대할 때 힘들기도 해요.

간혹 폭력성을 동반한 문제 행동을 하는 학생이 있어요. 그런 경우 여자 선생님은 남학생에게 힘에서 밀려 제지하기 힘들 때가 있죠. 그럴 경우 가끔 위험한 순간도 있어 주변 남자 선생님의 도움이 필요합니다.

톡(Talk)!
원정남

| 힘든 점 |

상습적인 꾀병쟁이 앞에서는 속수무책이에요.

하루도 빼놓지 않고 때마다 이런저런 핑계를 대며 보건실을 찾는 학생들이 있습니다. 이런 경우 그 학생의 마음을 헤아리고 교감하여 다시 수업에 복귀하도록 이끄는 데에는 굉장한 인내심이 따른답니다.

톡(Talk)! 이일주

| 힘든 점 |

품위 유지를 위해 행동의 제약을 받아요.

학생들을 바르게 이끌어야 하는 책임이 있어 모범적인 모습을 보여야 하므로 행동의 제약을 받습니다. 그 외에 큰돈을 벌 수 있는 직업이 아니라는 점은 단점인 것 같아요.

톡(Talk)! 김지태

| 힘든 점 |

똑같은 일을 반복적으로 하기도 합니다.

매년 몇 백 명의 수많은 학생을 대하고, 자신이 맡은 과목의 똑같은 지식을 반복하여 가르친다는 점에서는 매력이 없는 직업일 수도 있습니다.

톡(Talk)! 이상종

| 힘든 점 |

다양한 역할을 하는 만큼 많은 준비가 필요해요.

교사는 학생들이 여러 방면에서 올바르게 성장 발전할 수 있도록 학습 지도, 생활 지도, 상담 지도, 관찰 지도, 동기 부여, 동아리 지도 등 다양한 역할을 해야 하므로 많은 노력과 준비를 해야 합니다. 또 말을 많이 하기 때문에 목의 건강에도 신경써야 합니다.

교사가 되는 과정

1 보육 교사

- **보육 교사 시설**(보육교사교육원) **과정을 이수**
- **대학에서 보육 관련 교과목 이수**

→ 보육 교사 2, 3급 자격증 취득 → **보육 교사**

- 보육 교사 자격증(1, 2, 3급)을 취득해야 한다. 보육 교사 자격증은 해당 교육을 이수하거나 경력을 갖추면 취득할 수 있다.
- 보육 교사 3급 자격증을 취득하려면 고등학교 또는 이와 동등한 수준 이상의 학교를 졸업하고, 보건복지부령이 정하는 교육 훈련 시설에서 교육 과정을 수료해야만 한다.
- 보육 교사 2급은 대학에서 보건복지부령이 정하는 교과목(17학점)과 학점(51학점)을 이수하거나, 대학원 또는 보육 교사 관련 교육 훈련 시설(보육 교사 교육원)의 과정을 이수하고 보육 교사 자격증을 취득해야 한다.
- 3급 자격증을 취득한 후 2년 이상의 경력을 쌓으면 2급으로 승급할 수 있고, 보육 교사 1급은 2급 자격증이 있어야 취득할 수 있다.
- 관련 학과로는 보육학과, 아동학과, 유아교육학과, 아동복지학과 등이 있다.
- 주로 국공립 보육 시설, 민간 보육 시설, 직장 보육 시설, 가정 보육 시설 등에 취업한다.

2 유치원 교사

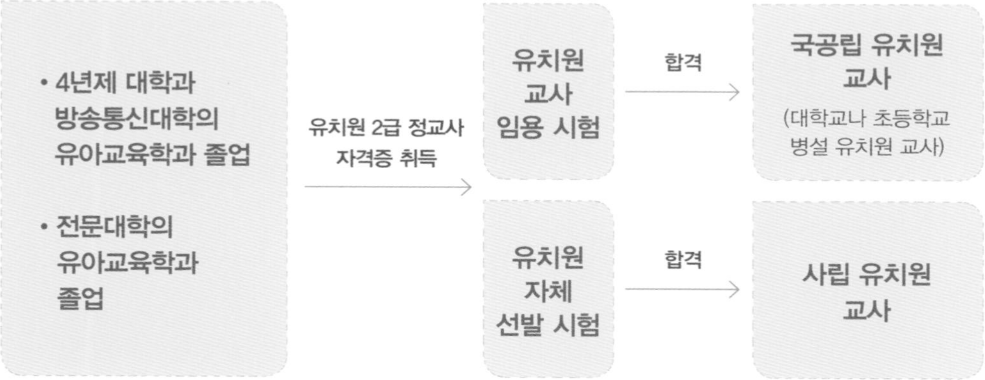

자격		시험		진로
• 4년제 대학과 방송통신대학의 유아교육학과 졸업 • 전문대학의 유아교육학과 졸업	유치원 2급 정교사 자격증 취득 →	유치원 교사 임용 시험	합격 →	국공립 유치원 교사 (대학교나 초등학교 병설 유치원 교사)
		유치원 자체 선발 시험	합격 →	사립 유치원 교사

···› 4년제 대학의 유아교육과로 진학하는 방법

- 대학에서 유아교육학을 전공하고 졸업하면, 유치원 2급 정교사 자격증을 취득한다.
- 아동학과, 아동복지학과 등에서도 2학년 때부터 교직 과정을 이수하면 역시 2급 정교사 자격증을 받을 수 있다. 하지만, 학과 정원의 10% 이내로 제한되어 있기 때문에 상위권 성적의 소수의 학생만이 교직 이수가 가능하다.

···› 전문대학의 유아교육과로 진학하는 방법

- 2, 3년제 유아교육학과가 있으며, 졸업해도 유치원 2급 정교사 자격증이 발급되지 않는 학교도 있으니 입학 전 확인해야 한다.
- 2년제 유아교육학과를 졸업하면 대학교·초등학교의 병설 유치원 교사가 될 수 없다. 학사 학위가 아닌 전문학사 학위를 받기 때문이다.

▪ 유치원 2급 정교사 자격증이 있으면 유치원 교사 임용 시험에 응시할 수 있고, 합격하면 국공립 유치원이나 대학교, 초등학교의 병설 유치원 교사가 될 수 있다.

▪ 사립 유치원의 경우에는 대체로 2년제든, 4년제든 유아교육학과를 졸업하면 취업이 가능하다.

3 초등 교사

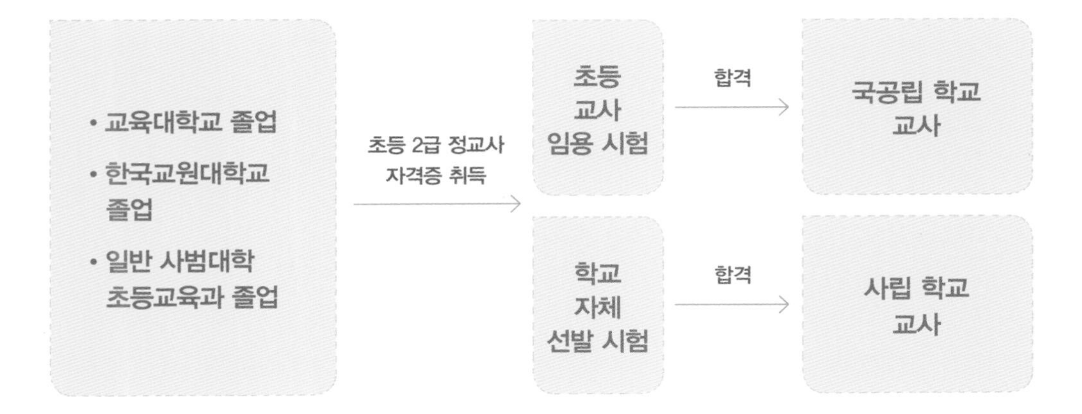

…› 교육대학교에 진학하는 방법

– 초등학교 교사를 전문적으로 양성하기 위한 대학으로, 서울교대, 경인교대, 춘천교대, 청주교대, 공주교대, 광주교대, 전주교대, 대구교대, 진주교대, 부산교대 등 10곳이 있다.

…› 한국교원대학교에 진학하는 방법

– 교사를 전문적으로 양성하기 위한 대학으로, 유아교육과, 초등교육과, 중등교육과까지 두루 갖추고 있어 유치원 교사부터 초·중·고등학교 교사까지 모두 양성한다.

…› 사범대학 중 초등교육과가 있는 대학에 진학하는 방법

– 사범대학교 중 초등교육과가 있는 대학은 이화여자대학교, 제주대학교 2곳이 있다.

…› 교육대학교 3학년으로 편입하는 방법

– 일반 4년제 대학교 졸업생이 교육대학교 3학년으로 편입하여 졸업하면 초등 교사 자격증을 받을 수가 있다.

더 알아두기

대학별 양성 교사

대학	양성 교사
교육대학교	초등 교사
한국교원대학교	유치원 · 초등 · 중등(중고등학교) 교사
사범대학교	중등(중고등학교) 교사 단, 이화여자대학교, 제주대학교는 초등 교사 양성

4 중등 교사

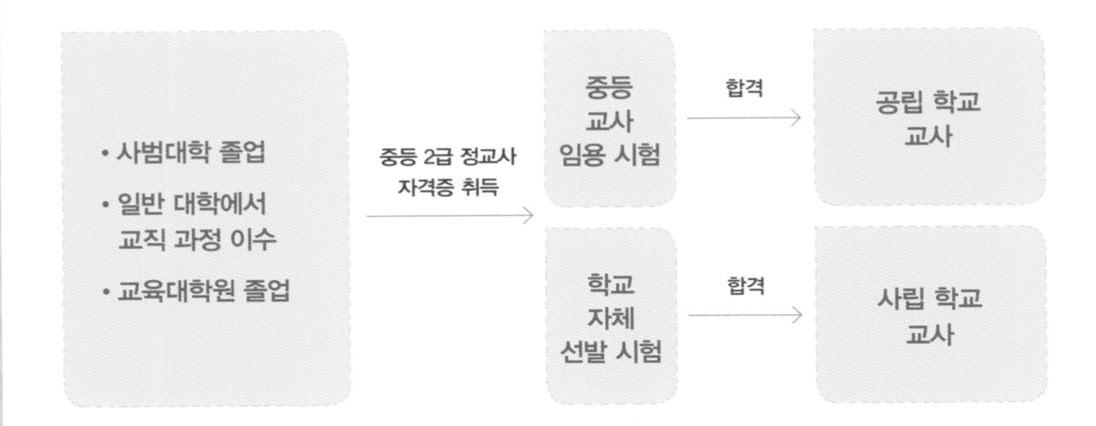

···› 사범대학에 진학하는 방법

– 사범대학에 입학하면 졸업과 동시에 중등 2급 정교사 자격증이 발급이 된다.

예) 한국대학교 사범대학 체육교육학과를 졸업한 경우

···› 일반 대학에서 교직 과정을 이수하는 방법

– 교직 과정이 개설된 일반 대학 학과에 입학하여 2학년 때부터 교직 과정을 이수하면, 중등 2급 정교사 자격증을 받을 수 있다. 하지만, 학과 정원의 10% 이내로 제한되어 있기 때문에 상위권 성적의 소수의 학생만이 교직 이수가 가능하다.

예) 교직 과정이 개설된 일반 대학에서 체육학을 전공하고, 2학년부터 교직 과정을 이수한 경우

···› 교육대학원에 진학하는 방법

– 4년제 대학교를 졸업하고, 졸업한 학과와 유사한 전공의 교육대학원에 진학하여 졸업을 하면 중등 2급 정교사 자격증을 받을 수 있다. 사범대학에 진학하지도 않았고, 교직 과정을 이수하지도 않은 교사 희망자를 위한 방법이다.

예) 일반 대학에서 체육학을 전공하고, 대학원에서 체육교육학을 전공한 경우

5 특수 교사

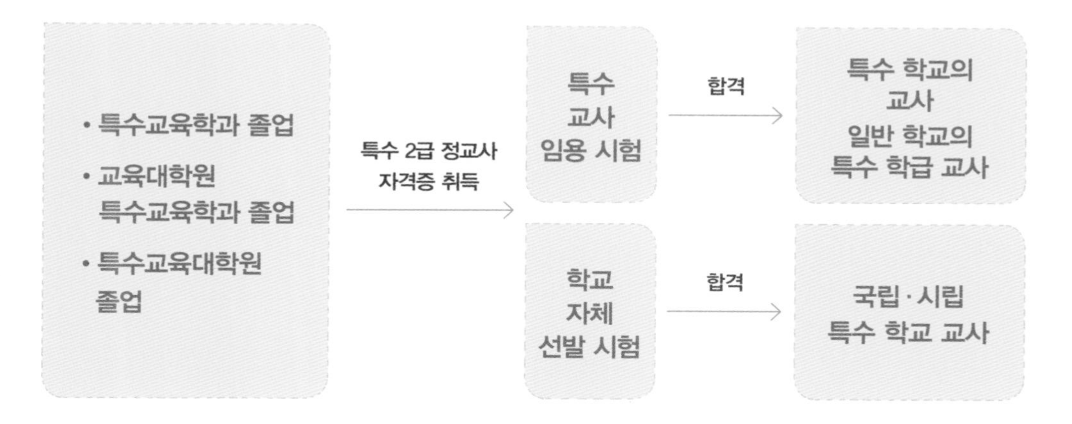

⋯› **특수교육학과에 진학하는 방법**

– 특수교육학과는 사범대학 안에 설치되어 있거나 일반 대학의 학부에 설치되어 있기도 한다.

– 학교에 따라 유아특수교육학과, 초등특수교육학과, 중등특수교육학과로 구분되어 있는 경우도 있고, 특수교육학과로만 되어 있는 경우가 있다. 특수교육학과는 2학년 때 초등 · 중등 특수 중에 선택하게 된다.

⋯› **교육대학원에 진학하는 방법**

– 일반 교사 자격증이 있는 사람 중 교육대학원 특수교육학과나 특수교육대학원을 졸업하면 특수 교사 자격증을 취득할 수 있다.

- 유치원과 초등학교의 특수 교사는 각각의 2급 정교사 자격증을 취득하게 되며, 중등학교의 특수 교사는 부전공 또는 복수 전공으로 취득한 교과목을 표시 과목으로 자격을 구분한다. 예를 들어 부전공 또는 복수 전공으로 취득한 교과목이 체육이라면, 중등 특수 학교 체육 2급 정교사 자격증을 부여받는다.
- 특수 교육 관련 학과로는 특수교육과, 유아특수교육과, 초등특수교육과, 중등특수교육과, 특수체육교육과 등이 있다.

교사의 생생 경험담

원래 사람들과 어울리는 것을 좋아하고, 아이들을 좋아했던 저는 어린 시절 유치원 선생님의 사랑을 듬뿍 받으면서 자연스럽게 교사가 되기로 마음먹은 거 같습니다. 대학을 졸업한 후 2년 동안 임용 고시를 공부를 하면서 처음에는 늦깎이 교사라는 초조함과 두려움이 앞서기도 했는데요, 좋은 첫 근무지를 만난 덕분에 직업에 대한 바른 가치관을 정립할 수 있었고, 다양한 교육 노하우를 배울 수 있었습니다.

유치원 교사가 되고 많은 시간이 지났지만 여전히 아이들과 함께 지내는 일은 신납니다. 물론 탁구공처럼 어디로 튈지 모르는 아이들 때문에 긴장할 때도 있지만 아이들의 웃음소리를 들으면 눈 녹듯이 사라집니다.

제가 주는 사랑보다 훨씬 더 많은 사랑을 돌려주는 아이들과 저의 마음을 이해하고 신뢰해 주는 학부모님들을 볼 때면 감사하다는 생각이 듭니다.

저를 만나는 모든 아이들이 아름답게 자라서 세상에서 빛과 소금의 역할을 하는 어른이 되기를 기도합니다.

경기 수원 소화 유치원

박미화 교사

- 현) 수원 소화 유치원 교사
- 유치원 1급 정교사 자격증 취득
- 어린이집 원장 자격증 취득
- 국제사이버대학 아동학과 졸업
- 동남보건대학교 유아교육과 졸업

교사의 스케줄

박미화
교사의
하루

06:30 ~ 08:20
▸ 출근 준비

08:20 ~ 08:50
▸ 출근 및 아침 회의
09:00 ~ 12:30
▸ 오전 수업

12:30 ~ 13:30
▸ 점심 식사
13:30 ~ 15:00
▸ 오후 수업

15:00 ~ 16:00
▸ 교실 청소
16:00 ~ 16:30
▸ 학부모와 전화 상담
16:30 ~ 18:30
▸ 다음날 수업 준비 및 업무

18:30 ~ 20:00
▸ 퇴근 및 저녁 식사
20:00 ~ 21:30
▸ 운동

21:30 ~ 23:30
▸ 가족과의 시간, 휴식
23:30 ~ 06:00
▸ 수면

▲ 유치원에서 7살 생일 잔치를 하면서

▲ 유치원 시절 철도 박물관으로 견학 가서

▲ 9살 설날에 동생들과 함께

▲ 중학교 졸업식 날 친구들과 함께

Question 초등학교 시절에는 어떤 학생이었나요?

명랑하고 활발하며, 매사에 적극적으로 참여하는 학생이었어요. 자신감도 많았고 친구들과도 사이좋게 지내며 성적도 중상위에 속했습니다.

불의를 보면 참지 못하고, 남자 아이들에게는 지지 않으려는 쓸데없는 고집 때문에 고학년 때는 남자 친구들과 종종 트러블이 있었어요. 친한 여자 친구를 불편하게 하거나 못살게 굴면 제가 대신 가서 재잘재잘 따지며 싸우곤 했어요. 잔다르크처럼 부당한 것은 참지 못해서 여기저기 참견을 했던 거죠. 하하. 하지만 남자 친구들과 사이가 아주 나빴던 건 아니었어요. 제 편인 친구들도 있었답니다.

또, 초등학교 시절에 인품 좋으신 선생님들을 만나 사랑도 예쁨도 많이 받았어요. 돌아보니 초등학교 때는 잘 놀고 친구들과 잘 지내며, 매사에 적극적으로 참여하고 선생님들에게 귀여움을 받으며 공부도 잘하는 멋진 학생이었네요.

Question 중고등학교 시절에는 어떤 학생이었나요?

여중을 나왔는데 친구들과 추억이 많아요. 여중에서만 경험할 수 있었던 추억들이 성인이 되어 힘들거나 지쳤을 때 미소 짓게 만드는 낙인 것 같아요. 노총각 선생님 골리기, 총각 선생님 짝사랑하기, 쉬는 시간에 말뚝박기 놀이하기, 친구들끼리 대화장 주고받기, 매점에서 팔던 100원짜리 김치만두와 꽈배기 사 먹기, 쉬는 시간마다 공중전화에 붙어 좋아하는 오빠에게 메시지 남기기(삐삐도 없던 시절이었는데 각자 어떤 긴~번호를 가지고 있었고, 거기에 메시지를 남길 수 있었어요.), 생일 때마다 친구들과 파티하기, 카메라로 사진 찍고 출력하기 등등 하루하루 추억을 만들고, 굴러 가는 낙엽만 봐도 까르르 웃으며 즐겁게 지냈어요.

한 학년에 4반까지 있는 작은 시골 학교였는데, 남학생들이 없다 보니 더 터프하게 굴면서 쉬는 시간이면 각 반을 돌아다니며 장난치고 다녔어요. 요즘 중학생들을 보면 꽤 조숙하게 느껴지던데, 그 당시만 해도 중학생들은 개구지고 해맑았답니다. 시골 학교라서 더 그랬을지도 모르지만요. 하루하루가 즐겁고 재미있고 많이 웃으며, 혼나거나 우울하거나 힘든 일이 있어도 친구들이랑 함께 있으면 마냥 좋아서 학교에 늦게까지 남아 놀았던 적도 있어요. 그

때 만난 친구들과는 여전히 연락하며 친하게 지내고 있답니다.

나의 삶을 송두리째 바꿔 놓았던 시기는 고등학교 시절이었어요. 여중을 졸업하면서 친한 친구들 3명과 함께 시골에서 벗어나 번화가에 있는 남녀공학에 진학하게 되었습니다. 학교 분위기 쇄신을 위해 제가 입학하는 시기에 처음으로 여학생을 신입생으로 받았답니다. 각 학교에서 나름 상위권에 있는 여학생들을 장학금 수여와 기숙사 무료 제공이라는 타이틀을 내걸고 유치하였지요. 남학생 1,000명에 여학생 100명, 공부가 잘되지는 않았던 거 같아요. 남녀 합반이다 보니 이성에도 관심을 가지게 되면서 조금씩 멋도 부리게 되고 성격도 온순한 척하게 되었어요.

반면, 여자 친구들 사이에서는 엄청난 장난꾸러기였답니다. 화장실에서 볼일 보고 있는 친구에게 바가지에 물을 받아 뿌리거나 화장실 문을 잠그고 못 나오게 하거나 입 벌리고 자는 친구 입에 샤프심을 넣는 등 엉뚱한 장난들을 많이 쳤어요. 친구들이 다 착하고 좋아서 제 장난을 재미있어 하며 잘 받아주었던 거 같아요. 대신 친구들의 연애 문제나 고민거리를 잘 들어주고 공감해 주는 좋은 능력도 발견하게 되었답니다. 여자 친구들이 친한 친구와 다투거나 힘든 일이 생기거나 좋아하는 사람이 생기거나 남자 친구랑 싸우거나 할 때 저에게 와서 속상한 마음을 이야기했어요. 문제를 해결해 주지는 못해도 잘 들어 주고 응원해 주는 것이 친구들에게는 위안이 되고 힘이 되었던 거 같아요. 이렇게 3년이라는 시간이 눈 깜짝할 사이 후다닥 지나가고 성적은 점점 떨어졌지만 살아가면서 내 편이 되어 줄 소중한 보물인 친구들을 많이 얻었답니다.

Question

학창 시절 가장 감명 깊게 읽었던 책은 무엇인가요?

중학교 시절에 읽었던 베르나르 베르베르의 〈뇌〉와 김진명 선생님의 〈황태자비 납치 사건〉이라는 책이 오랫동안 기억에 남아요. 그 당시에 저는 우리 역사와 세계사에 관심이 많았고, 또 공영 방송에서 명성황후를 소재로 한 드라마가 선풍적인 인기를 끌고 있었어요. 성악가 조수미 씨의 〈나 가거든〉이라는 노래도 한동안 좋아했거든요. 역사 속 사건들에 대해 의분과 열분을 호소하면서 김진명 선생님의 책을 읽어서인지 참 기억에 많이 남습니다. 을미사변 때 '여우 사냥'이라는 작전명으로 명성황후를 시해한 사건과 비밀문서에 관한 내용으로 스토리가 전개되었어요. 가장 놀랐던 것은 그 당시 국사책에 실려 있어 명성황후라고 알고 있던 그분이 사실은 명성황후가 아니라는 것이었어요. 모든 자료를 불태워 버린 그 잔인하고 끔찍했던 사건과 '황후라는 신분을 가진 한 여자로서 그 수치심과 모진 곤욕은 얼마나 치욕스러웠을까'라는 생각에 정말 큰 충격을 받았어요. 그 이후로 〈무궁화 꽃이 피었습니다〉, 〈바이코리아〉등을 읽으면서 애국심으로 불탔답니다.

베르나르 베르베르의 장편 소설 〈뇌〉는 흥미진진하여 '이 책은 대체 뭐지? 이 작가 진짜 대단하다.'라며 감탄사를 연발하며 읽었던 책입니다. 이 책을 읽고 독서 동호회에 가입했을 정도니까요. 교통사고를 당하고 의식은 있지만 온몸을 움직일 수 없고 말도 할 수 없으며 오로지 눈을 깜빡이고 듣는 것만 가능한 장 루이 마르탱과 그의 담당 의사인 사뮈엘 핀처의 이야기가 저의 눈과 뇌를 사로잡았어요. 최근 들어 뇌에 대한 대중의 관심이 커지면서 〈더 지니어스〉라는 프로그램이 방송되고, '뇌섹남'이라는 신조어가 생길 정도지만, 저의 학창 시절에는 그다지 흥미로운 주제가 아니었어요. 그때 주인공의 뇌를 연구해 보고 싶다는 강한 충동을 느꼈고, 평생 관심도 갖지 않았을 미지의 영역인 뇌에 대해 생각해 볼 수 있게 해 주었습니다. 15~20년 전 관심 밖의 분야인 뇌에 대해 이렇게 기발하게 쓴 사람이 또 있을까요? 새롭게 바라보고 창의적으로 생각하는 능력이 놀라웠기 때문에 지금까지도 기억에 남는 책입니다.

▲ 고등학교 졸업식 날 부모님과 함께

▲ 대학 친구들과 10년 간의 우정을 기념하며

Question 학창 시절 장래 희망은 무엇이었나요?

장래 희망은 유치원 교사와 베스트셀러 작가가 되는 것이었어요. 제가 장녀인데 이 언니, 누나의 말이라면 잘 듣고 따르는 동생들을 보면 대장이 된 듯 이끄는 재미도 있었지만, 의무감과 책임감도 들었고 그런 마음들이 부담이 되기보다는 긍정적인 에너지가 되었던 거 같아요. 2~3살 정도 터울이 있지만 비슷한 또래이다 보니 다양하고 재미있는 놀이를 했답니다. 이러한 경험들이 반복되고 지속되다 보니 아이들을 돌보는 것에서 즐거움과 성취감, 나아가서 행복감을 느끼게 되었어요.

동생들과 몇몇 인형들을 쪼르륵 일렬로 세워 놓고 제가 선생님 역할을 하며 학교 놀이를 많이 했답니다. 동생들에게 무언가를 알려 주면 잘 습득하고 따라와 주는 모습에 뿌듯함을 느꼈고, 더 나아가 선생님인 양 놀았던 경험들이 좋은 기억으로 남았어요.

13살까지는 책 읽는 것을 정말 좋아했어요. 손에 한 번 책을 잡으면 밥도 먹지 않고 읽었던 것 같아요. 그때는 다양한 장르의 책을 읽었답니다. 위인전, 환경 문제에 대한 책, 풀하우스 등과 같은 로맨스가 가미된 만화책, 단편집, 그리스 로마 신화와 같은 역사책, 데미안이나 젊은 베르테르의 슬픔 등과 같은 고전 등 그냥 닥치는 대로 마구 읽었어요. 그러던 중 랜디 포시 교수의 〈마지막 강의〉라는 책을 읽게 되었어요. 마지막 강의의 내용은 어떻게 나의 꿈을 달성하느냐에 관한 것이 아니라, 어떻게 나의 인생을 이끌어 갈 것이냐에 관한 것이었어요. 만약 내가 인생을 올바른 방식으로 이끌어간다면, 그 다음은 자연스럽게 운명이 해결해 줄 것이고, 내가 그리던 꿈이 나에게 다가올 것이라는 내용에 깊은 감동을 받았습니다.

'아, 책 한 권으로 사람들에게 희망과 용기와 꿈을 줄 수 있겠구나. 나도 사람들에게 도움이 되는 책을 써 보고 싶다.'라는 생각을 하게 되었어요. 워낙 일기나 독후감 쓰기, 글짓기 하는 것을 좋아하던 터라 자연스럽게 작가라는 꿈을 가질 수 있었어요.

Question 유아교육과에 입학한 계기는 무엇인가요?

젊은 나이에 결혼하신 부모님을 대신해 조부모님께서 저와 동생들의 유년 시절을 함께 보내주셨어요. 조부모님과 함께 살면서 1시간 남짓 떨어진 곳에 사는 부모님을 일주일에 1번, 길게는 한 달에 1번 찾아뵈었습니다. 할머니, 할아버지께서는 다른 부모님들과 견주어도 부족한 것이 없을 정도로 아낌없이 지원해 주셨고, 엄청난 사랑으로 키워주셨습니다. 여행을 좋아하시던 할아버지를 따라 전국 방방곡곡 안 다녀본 곳이 없을 정도로 다니며 추억도 만들었어요. 또한 어린 시절 다녔던 유치원에서는 선생님들이 얼마나 잘해 주고 예뻐해 주시던지 과분할 정도로 많은 사랑을 받으며 자랐습니다. 부모님의 부재로 인한 그리운 마음이 없는 것은 아니었지만, 할머니, 할아버지의 사랑과 유치원 선생님의 관심이 큰 힘과 용기가 되었습니다. 그래서 저도 교사가 되어 부득이하게 부모와 떨어져 지내거나 관심이 필요한 아이들에게 많은 사랑을 주어 그 아이들이 어른이 되었을 때 편안한 선생님, 든든한 선생님으로 기억에 남기 위해 유치원 교사가 되기로 결심하였고 유아교육과에 입학하게 되었어요.

Question 유아교육과에서는 주로 어떤 것들을 배우나요?

우선 교육학을 기본으로 영유아기 발달 단계와 특성, 유아기를 연구한 학자들의 이론에 대해 공부하게 됩니다. 1학년 때는 이론을 바탕으로 유아 교육의 발전, 여러 유아 교육학자들이 주장하는 이론, 관점들에 대해 알아보며 기초를 탄탄하게 다진 후 2학년이 되면 본격적으로 실습을 하게 됩니다. 여름 방학, 겨울 방학 혹은 학기 중에도 유치원, 어린이집이나 과목에 따라 특수 학교 등으로 실습을 나가게 됩니다.

구체적으로 말하자면, 유아들에게 직접 적용할 수 있는 교수 학습 방법에 대해서 자세히 배웁니다. 유아 미술, 유아 동작, 유아 음악(피아노 실습, 국악, 오르프 등등), 언어 교육, 사회 교육, 과학 교육, 수 교육 등 적용할 수 있는 학습 내용과 기술적인 측면을 배우게 되지요. 이뿐만 아니라 유아 법률, 학부모 상담 및 관리, 학부모 교육 방법, 유치원 운영 관리 및 실태, 계획안 작성하는 방법, 교사 이미지 메이킹 등에 대해서도 배웁니다.

유치원 교육 과정은 초중등과 달리 국가 수준의 교육 과정이 의무화되어 있지 않고, 문서화된 교과서도 없어 각 유치원 원장의 교육 철학과 방향에 따라 다양한 프로그램 중에 선택하여 운영되기 때문에 유치원 교사들은 이러한 프로그램들을 배워야 합니다. 예를 들면 프로젝트, 몬테소리, 레지오, 자연 생태 교육 등 대부분 외국의 실제 사례 교육 프로그램들을 우리나라로 들여와 적용하는 곳이 많습니다. 최근에는 교육부에서 체계적이고 효율적인 방법으로 유아 교육을 하기 위한 누리 교육 과정을 만들어 유치원과 어린이집의 교육 과정을 통합하려는 추세에 있습니다.

Question 유치원 교사가 되기 위해 어떤 준비 과정을 거쳤나요?

우선 유치원 교사는 교육부 장관이 규정한 교육 기관(유아교육학과, 아동학과, 보육학과)에서 일정 기간 교육을 받은 후 발급받을 수 있는 유치원 2급 정교사 자격증을 소지하고 있어야 합니다.(아동학과 보육학을 전공해도 좋은 성적을 가지고 있는 상위 10% 이내의 교직 과정을 이수한 학생들은 2급 정교사 자격증을 발급합니다. 아동학과나 보육과 졸업생들은 유치원에 취직하기보다는 아동 상담 혹은 어린이집에 취직을 목적으로 하고 있습니다.) 흔히 어린이집 교사와 유치원 교사를 혼동하는 경우가 많은데, 이는 전공, 자격증, 소속 기관도 다르답니다. 유치원 정교사가 되기 위해서는 120학점 이상을 이수해야 합니다. 가장 중요한 것은 사전 실습(일주일에 1번씩 4주 혹은 일주일 동안 유치원에서 실습하기), 본 실습(한 달 동안 집 근처 혹은 실습생을 수용하는 유치원에서 실습하기), 사후 실습(일주일에 1번씩 4주 혹은 일주일 동안 유치원에서 실습하기) 이렇게 3번에 걸쳐 유치원으로 실습을 나가게 됩니다. 2~3년제 대학의 경우는 방학을 이용하여 실습을 나가기도 합니다.

▲ 2011년 소화 유치원에서 처음 만난 3, 4세 소망반

▲ 2012년 7세반 정환이와 새하

▲ 2014년 가을 팔달산에 다녀오면서

▲ 2014년 엄마 참여 수업 때 교구 소개

Question 첫 근무지에서의 추억을 말씀해 주세요.

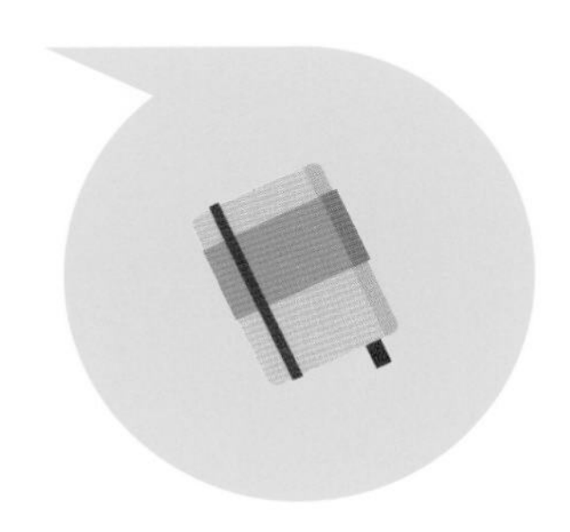

처음 근무한 유치원은 화성시에 위치한 '경기 유치원'이었어요. 이 유치원은 다양한 채소와 열매를 자급자족할 수 있는 넓은 텃밭과 잔디밭은 물론 마당 한편에는 땅을 파서 만든 수영장, 사계절 내내 형형색색 아름다운 꽃이 피는 멋진 정원이 있는 곳이었습니다.

대학을 졸업한 후 2년 동안 임용 고시를 준비하면서 동기들보다 나이 많은 늦깎이 교사라는 생각에 초조함과 두려움이 많았어요. 하지만 이 유치원의 경력이 많은 선생님들이 저의 그런 마음을 잘 어루만져 주시고, 어떻게 해야 할지 몰라 허둥지둥 어려워하고 있을 때도 모든 선생님들이 자기 일처럼 도와주셨어요. '어쩜 다들 이리 친절하고 긍정적일까'라는 생각이 들 정도로 즐겁게 유치원 생활을 하며, 기본 생활 지도, 문제 행동 지도 및 문제 해결 방안, 학부모 관리 등에서 숙련된 노하우와 다양한 교수 학습 방법을 배울 수 있었답니다. 한 유치원에서 3~4년 동안 쭉 함께 일한다는 것은 조금은 어려울 수 있거든요. 하지만 이곳 선생님들은 모두 6~7년 동안 함께하셔서 일도 수월하게 척척 진행되었던 거 같아요. 선생님들끼리 돈독한 만큼 소통과 배려가 잘되었어요.

특히 원장님께서 교사들에게 많은 배려를 해 주시고, 큰 행사나 학부모 참관 수업 등 중요한 일이 있을 경우 솔선수범해서 도와주셨어요. 첫 직장에서 제 직업에 대한 긍정적인 이미지를 확고히 할 수 있었고, 다양한 경험으로 많은 노하우를 쌓을 수 있어서 지금까지 교사 생활을 하는 데 좋은 밑거름이 되었습니다. 지금은 다들 줌마렐라가 되었지만 아직도 그분들과 끈끈한 관계를 유지하며 주기적으로 만남을 이어가고 있답니다.

Question

유치원 교사가 갖추어야 할 가장 중요한 자질은 무엇인가요?

7년차 교사로서 가장 중요하다고 생각하는 유치원 교사의 자질은 바른 인성입니다. 첫 번째로 아이들에게 가장 필요한 것은 기다려 주는 것과 경청하는 자세입니다. 아이들의 눈높이에서 이야기를 들어주고, 아이가 실행할 수 있을 때까지 기다려 주는 마음과 현재의 아이가 보인 문제 행동만을 가지고 곧바로 제재하거나 훈육하는 것이 아니라 왜 그런 행동을 하게 되었는지 물어 보고 이유에 상응하는 피드백을 주는 것이 필요합니다. 유아기에는 개개인마다 발달 수준과 단계가 다르기 때문에 현재 아이의 수행 능력을 파악하고, 한 단계 성장할 수 있도록 인내를 가지고 기다려 주고 지지해 주는 것이 필요합니다.

두 번째는 동료 교사와 원장님, 학부모들과의 관계가 중요합니다. 유치원 교사들끼리 농담 삼아 '5살 아이를 둔 부모님은 5살 아이처럼, 6살 아이를 둔 부모님은 6살 아이처럼, 7살 아이를 둔 부모님은 7살처럼 대해야 한다.'라고 말합니다. 우리가 부모님들을 무시하는 것이 아니라 모두가 부모의 역할을 처음 해 보는 거라 어려워하고 서툴기 때문입니다. 수학 문제집의 정답지나 기계를 조립할 때 필요한 설명서와는 달리, 부모 역할에 대한 정확한 가이드북이 있는 것도 정답이 있는 것도 아닙니다. 그렇기 때문에 처음 유치원에 아이를 보내는 부모님들의 마음은 두렵고 걱정이 많은 것이 당연합니다. 이런 분들에게 필요한 것은 바로 유아들과 같이 기다려 주고 경청하는 것입니다. 아이를 양육하면서 어려운 부분을 교사에게 털어놓거나 속상하거나 서운한 점을 넋두리하며 이야기할 때 잘 들어 주고 공감해 주는 것이지요. 그리고 학부모가 노력하는 과정을 기다려 주고, 좋은 결과든 좋지 않은 결과든 지지해 주는 것이 필요합니다.

이뿐만 아니라 하루에 10시간 이상을 함께 지내는 동료들이나 원장님과의 관계에서는 선배 교사나 원장님께서는 후배 교사의 어려움을 잘 들어 주고, 도움을 요청할 때 지지해 주며 잘 이끌어 나갈 수 있을 때까지 기다려 주는 마음이 필요하다고 생각합니다. 이런 다양한 관계가 잘 이루어지기 위해 교사에게는 올바른 인성이 필수 조건이라고 생각합니다.

Question 유치원 교사 생활을 하면서 기억에 남는 일은 무엇인가요?

첫해 교사로 소임을 받고, 7세 25명 아이들의 담임을 맡았습니다. 처음이다 보니 우여곡절도 많았고 몇몇 학부모님들에게 신뢰를 얻지 못해 발생한 여러 가지 갈등 상황으로 힘들었으나 1년이 지난 후 졸업식 날 두 손을 꽉 잡고 감사하다는 인사를 해 주시고 눈물을 흘리는 모습을 보았습니다. 일주일이면 기본 2~3번씩 전화를 하며 끊임없이 아이에 대해 의논하고 물어보며 저를 힘들게 하던 학부모가 감사의 인사를 끊임없이 해 주는 반전의 상황에 당황스럽기도 하고 뿌듯하기도 했습니다. 자신의 아이가 많이 밝아지고 너그러워졌다며, 자신이 그동안 너무 예민하고 까칠하게 굴며 투정 부려 죄송했노라고 솔직하게 이야기해 주던 그 분이 아직도 기억에 남습니다. 1년 동안 지치고 힘들어 욱~하는 마음이 생기기도 했지만, '그 동안의 인내와 기다림이 결코 헛되지 않았구나. 이제 나를 믿어 주는구나.'라는 생각이 들자 가슴이 뭉클했고 그 순간을 잊지 않고 있습니다.

Question 유치원 교사로서 관심을 갖고 있는 분야는 무엇인가요?

유치원 교사로 활동하면서 가장 중요하다고 느낀 것이 '부모 교육'이었습니다. 아이들을 만나고 아이들과 함께 생활하고 있지만, 정작 가정과 연계해서 교육이 이루어지지 않으면 아이를 바르게 지도하기가 어렵다는 생각이 들어요.

아이가 바르게 성장하기 위해서는 아이의 의지와 더불어 교사와 부모가 함께 균형잡힌 일관된 교육을 해야 한다고 생각합니다. 아이의 의지와 더불어 교사의 도움만으로도 아이는 조금씩 성장할 수 있지만, 가정과 유치원 교육의 균형이 깨진다면 아이는 혼란스러워 하며 힘들어 할 것입니다. 부모의 역할과 양육 태도가 아이에게 많은 영향을 미치며, 성장 과정에서 아주 중요한 부분이기 때문에 '부모 역할의 중요성'에 관심을 가지게 되었습니다.

그래서 부모들을 대상으로 하는 감정 코칭과 양육 태도 및 대화법 교육이 필요하다고 생각합니다. 이러한 관점에서 부모 교육에 대한 폭넓은 이해를 돕고자 정기적으로 대화법 코칭 교육을 받으며 현재 강사가 되기 위해 공부하고 있습니다.

Question 유치원 교사로서 전문성을 높이기 위해 어떤 노력을 하나요?

전문성 함양을 위해 주기별로 다양한 대화법 및 부모 상담에 관한 연수를 찾아서 듣고, 1정 연수 때 만났던 다른 유치원 교사들과 정보를 공유하여 수업에 적용하고 저만의 방법으로 새롭게 창안하기도 합니다. 또한 공동체 안에서 선후배 교사들과도 함께 노하우를 공유하는 시간을 갖고 있습니다. 최근 동향에 맞는 유아 교육 서적에 대해서도 관심을 가지며 자료를 찾아보고, 좋은 것은 아이들에게 적용하고 있습니다. 또한 고착화된 저의 잘못된 교수 학습 방법과 바르지 못한 습관을 객관적으로 볼 수 있도록 자기 수업 장학을 동영상으로 찍어 개선하는 데 활용하고 있습니다.

Question 유치원 교사로서 어떨 때 가장 큰 보람을 느끼나요?

특히 만 3세를 교육할 때 가장 큰 보람을 느낍니다. 폭풍 성장하는 시기이므로 변화되는 것도 많고, 교사가 하는 언어, 행동, 교육 내용을 말 그대로 정말 스펀지처럼 싸악~ 흡수하여 받아들입니다. 이러한 점 때문에 행동이나 말투가 더 조심스러워지고 신경이 쓰이지만, 학기 초와 달리 학기 말이 되면 신발을 제자리에 정리하고 옷걸이에 바르게 옷을 걸고 엄마 뒤로만 숨었던 아이들이 환한 미소로 밝게 인사를 하는 등 사회 구성원의 일부로 잘 자라 있습니다. 기본 생활 습관이 변화하고, 긍정적인 습관들을 습득하여 실생활에 적용하는 모습을 보고 있으면 입가에 저절로 미소가 지어집니다.

유치원 교사로서 가장 큰 보람을 느낄 때는 역시 아이들이 바르게 변화되는 모습을 보았을 때와 졸업한 친구들이 초등학교에 가서도 잊지 않고 유치원으로 찾아오거나 연락을 해 올 때이며, '아이들에게 내가 참 의미 있는 교사가 되었구나.'라는 생각에 뿌듯하며 자랑스러워집니다.

Question 유치원 교사라는 직업의 장점과 단점은 무엇인가요?

장점은 아이들과 항상 함께 있어 아이들의 발달 과정을 가까이에서 지켜볼 수 있다는 점입니다. 또 아이들과 소통하다 보면 아이디어도 많이 얻고, 창의적인 생각을 많이 하게 되는 등 아이들에게서 배우는 점도 많아요. 그리고 아이가 긍정적으로 변하는 모습을 보고 있노라면 '나 좀 괜찮은 교사인 걸……'이라며 뿌듯함과 기쁨을 느낍니다. 유아가 가지고 있는 문제 행동이 수정될 수 있도록 지도하였을 때 아이가 긍정적인 모습으로 바뀌었다면 말로 다하지 못할 성취감도 얻게 됩니다. 또한 잘 웃고 매사에 긍정적으로 생각하게 되어 사람들로부터 '너를 만나면 참 기분이 좋아져.'라는 말을 많이 듣습니다. '안될 거야.'라는 생각보다는 '할 수 있어.'라는 생각에 이어 어떻게든 되게 만드는 초인적인(?) 능력을 가지게 되었습니다. 하하.

단점은 교육만 하는 것이 아니라 다방면에서 만능 재주꾼이 되어야 한다는 점입니다. 유아를 교육하는 것은 업무의 일부분이고, 그 밖에 해야 하는 일이 많습니다. 교실 청소는 물론 유아들 양치 컵, 칫솔까지 세척하고, 형형색색 다양한 학습 재료와 교수 학습 방법을 적용하여 다음날 수업을 준비하는 과정이 수월하지는 않습니다.

이 밖에 학부모들과 원만한 관계를 유지하기 위해 지속적으로 소통을 해야 합니다. 이러한 일들을 여러 번 하다 보면 자연스럽게 학부모들과도 신뢰 관계가 형성되면서 힘들 때 '내 편'이 되어 주십니다.

Question 유치원 교사를 꿈꾸는 청소년들에게 한 말씀해 주세요.

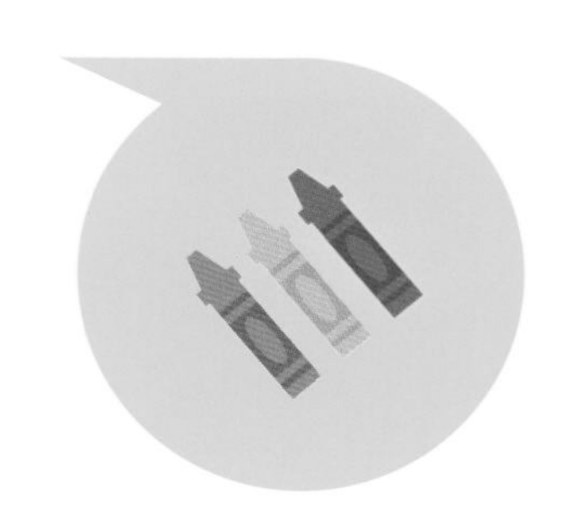

'나는 아이들이 좋아.'라는 단순한 생각만 가지고 유아교육과에 진학하게 되면 많은 시행착오를 겪거나 상처를 받을 수도 있을 거예요. 사람을 가르친다는 것, 특히 유아기에 있는 아이들과 함께 지내는 것은 정말 살얼음판을 걸어가는 듯하고, 하루하루가 예상하지 못한 일들이 생겨 스펙터클하답니다. 경력이 쌓이면서 이러한 문제를 융통성 있게 해결할 수 있는 능력이 생기지만, 그 과정이 고뇌의 길이 될 수 있으므로 마음을 단단히 먹어야 합니다. 직업을 선택하는 중요한 이유 중의 하나인 '좋으니깐, 좋아서 하는 거지.'라는 단순한 생각이 창이 되어서 나에게 되돌아와 나를 찌를 수도 있습니다. 진정으로 유치원 교사가 되길 원한다면 궁극적인 목표와 가치를 찾는 것이 중요하다고 생각합니다. 이 직업에 대한 자부심과 책임감과 더불어 즐기면서 할 수 있는 마음가짐이 되었을 때 도전해 보세요.

Question 유치원 교사로서 앞으로 목표가 있다면 무엇인가요?

'선생님을 만나서 너무 행복했어요. 선생님을 만난 건 행운이었어요.'라는 말을 들을 수 있는 교사가 되는 것이 목표예요. 나와 만나는 아이들이 어른이 되었을 때 기쁘고 행복할 때보다는 슬프고 힘들고 지쳤을 때 '아 맞다, 유치원 때 우리를 사랑으로 보듬어 주시던 박미화 선생님이 계셨지. 그 선생님은 이럴 때 이랬었지.'하면서 저를 떠올리며 추억하는 것이 학생들에게 기쁨과 위로가 되길 희망합니다. 또한, 학부모의 마음을 읽고 공감해 주는 신뢰할 수 있는 교사가 되는 것이 목표입니다. 아름답게 성장할 아이들과 저의 도움이 필요한 학부모님들을 만날 수 있기를 바래요.

Question

미래를 꿈꾸는 대한민국의 청소년들에게 한 말씀해 주세요.

두려워하지 말고 도전하세요. 서태지와 아이들의 '컴백 홈'이라는 노래 가사처럼 '아직 우린 젊기에, 괜찮은 미래가 있기에' 포기하기엔 너무 아름다운 시간이 우리 앞에 펼쳐져 있습니다.

최고보다는 최선을 다했을 때 원하던 결과가 나오지 않더라도 웃을 수 있습니다. 실패하더라도 자신에게 이렇게 말해 보세요. "여기까지 오느라고 고생했어. 괜찮아, 수고했어. 너는 다만 조금 느리게 걷고 있을 뿐이야."라고요.

어린 시절에는 학교 수업과 공부에 집중하는 모범생이었습니다. 하하. 고등학교 1학년 때 진로에 대해 고민하던 중 부모님과 평소 존경하던 선생님의 권유로 초등학교 교사라는 꿈을 갖게 되었고요.

대학생 때 사진 동아리 활동을 하면서 여러 사람들과 어울리다 보니 내성적인 성격도 외향적으로 변하였고, 그때의 취미가 지금까지 이어져 교육 현장에서 필요한 사진 자료를 직접 찍어 활용할 수 있게 되었습니다.

교사에게 보람은 바로 가르친 지식을 이해하고 실천하는 제자가 아닐까 합니다. 제는 학생들에게 바른 인성을 갖도록 가르치는 것을 최우선으로 하며, 저 또한 그렇게 되도록 부단히 노력합니다.

초등학교 교사로서 남은 기간은 후회하지 않도록 학생들과 즐겁게 보내고 싶습니다. 매년 가르칠 때마다 '올해 맡은 학생들에게 기억되는 교사가 되자.'는 생각을 가지고 가르치고 있습니다.

경기 파주 운광 초등학교

정재흠 교사

- 현) 파주 운광 초등학교 교사
- 경인교육대학교 교육대학원 초등컴퓨터교육학 석사
- 경인교육대학교 실과교육과 졸업

교사의 스케줄

정재흠
교사의
하루

22:00 ~ 24:00
▸ 가족과의 시간, 휴식
24:00 ~ 06:30
▸ 수면

07:00 ~ 08:00
▸ 출근 준비 및 아침 식사

08:00 ~ 09:00
▸ 출근 및 수업 준비
09:00 ~ 12:20
▸ 수업

12:20 ~ 13:20
▸ 점심 식사
13:20 ~ 14:50
▸ 수업 또는 수업 연구

14:50 ~ 17:30
▸ 업무 처리
17:30 ~ 19:30
▸ 퇴근 및 저녁 식사

19:30 ~ 22:00
▸ 학교에 있을 경우
학교 업무 및 수업 준비,
퇴근했을 경우 운동

▲ 초등학교 4학년 북한산 대동문에서

▲ 초등학교 6학년 졸업 사진

Question 초등학교 시절에는 어떤 학생이었나요?

일반적인 초등학교 남자 어린이들처럼 개구쟁이였습니다. 물론 선생님의 말씀을 잘 듣는 개구쟁이였습니다. 공부 시간에는 수업에 집중하고 쉬는 시간에는 친구들과 정말 즐겁게 지냈습니다. 그 당시 여자 친구들과도 잘 어울려 놀고 친구 집에 모여 함께 숙제도 했습니다.

초등학교 시절에는 운동을 좋아해서 점심시간이나 방과 후에 친구들과 운동장에서 신나게 놀거나 축구를 하고 지냈습니다. 졸업을 앞둔 6학년 때는 탁구에 빠져 친구들과 정말 열심히 쳤었습니다. 그 당시에는 하교 후에 친구들과 노는 것이 일반적이었는데, 요즘 학생들은 학원 다니느라 바빠 그런 모습을 볼 때마다 매우 안타깝습니다.

Question 중고등학교 시절에는 어떤 학생이었나요?

선생님들께서 좋아하는 스타일의 학생이었습니다. 하지 말라는 것 하지 않고, 말썽 없이 학교 수업과 공부에 집중하는 학생이었습니다. 고등학교 시절에는 사회 선생님을 좋아해 그 선생님께서 가르치는 사회, 역사, 지리 과목을 좋아하게 되고 덩달아 사회과 성적도 최상위에 오르게 되었습니다. 교사가 되고 나서도 사회과에 관심이 많아 사회 시간에 수업할 때는 저절로 흥이 납니다.

Question 어떤 성격이고, 학창 시절에는 어떤 분야에 흥미가 있었나요?

중고등학교 시절에는 말썽 피우는 학생은 아니었고, 선생님 말씀에 순종하며 학급에서 조용히 지낸 편이었습니다. 지금 생각하면 담임 선생님은 편하셨겠지만 재미있게 학교생활을 하는 학생은 아니었습니다.

선생님 말씀에 순응하며 맡은 일은 끝까지 최선을 다해서 완수하려고 노력하는 성실한 학생이었는데, 고등학교 때만 하더라도 내성적인 성격으로 다른 사람 앞에 나서는 것을 꺼렸지만, 대학생이 된 후부터 성격이 조금씩 변하였습니다. 사진부 동아리 활동을 하면서 좋아하는 분야에 대해 여러 사람들과 함께 어울리다 보니 더 잘하고 싶은 마음에 다른 사람 앞에 나서기 시작한 것 같습니다. 그 영향으로 지금도 좋아하는 것은 앞장서서 할 정도로 적극적인 성격이 되었습니다.

Question 학창 시절 가장 감명 깊게 봤던 책이나 영화는 무엇인가요?

책보다는 고등학교 때 보았던 영화가 살아오는 데 큰 영향을 끼쳤습니다. 워낙 명작이다 보니 요즘 학생들도 꽤 많이 봤을 겁니다. 그 영화는 바로 고인이 된 로빈 윌리암스가 주연으로 출연한 '죽은 시인의 사회'입니다.

미국 최고의 명문 사립 고등학교인 웰튼 아카데미에 새로 부임해 온 국어 교사 존 키팅과 6명의 제자들이 이뤄내는 가슴 뭉클한 이야기입니다. 졸업생 70% 이상이 미국의 최고 명문 대학으로 진학하는 웰튼 아카데미는 전원 기숙사 생활을 하면서 철저하고 엄격한 교육을 받는 영재 고등학교이며, 목표는 오직 명문대 진학입니다. 그런 웰튼 아카데미에 키팅이 국어 교사로 부임하면서 학생들의 생각과 삶에 변화가 일어나게 되는 내용입니다. 영화 속에 나오는 잊지 못할 명대사가 정말 많습니다. 그중에 가장 기억에 나는 것은

'카르페 디엠! 현재를 즐겨라! 인생을 독특하게 살아라!'

'시간은 흘러 오늘 핀 꽃이 내일이면 질 것이다.'

'나는 숲으로 갔다. 왜냐하면 인생을 자유롭게 살고 싶어서였다.'

'자신이 독특하다는 것을 믿어라.'

'Oh captain, My Captain!'

대부분 책으로 발간된 후에 영화로 제작되는데, 죽은 시인의 사회는 영화로 제작되면서 명성을 얻어 책으로 발간된 드문 경우입니다.

이 영화를 보고 '교사가 되더라도 키팅 선생님과 같은 교사가 되어야겠다.'라는 생각을 하게 되었습니다. 명작은 시간을 초월하게 마련입니다. 아직 영화나 책을 보지 않은 학생이 있다면 꼭 보기를 추천합니다.

Question 학창 시절 장래 희망은 무엇이었나요?

중학생 때까지는 막연히 제복의 멋스러움과 절도 있는 남자다운 모습에 경찰이나 직업군 인을 꿈꿨으나 부모님께서는 저의 성실한 모습과 꾸준히 노력하는 모습에 교사가 되길 원하셨습니다. 고등학교 1학년 때 진로에 대해 고민하던 중에 평소 믿고 따르던 사회과 선생님께 상담을 요청을 했는데, 그것이 계기가 되어 장래 희망에 대한 확신이 생겼습니다. 사회 선생님께서는 제가 교사라는 직업에 어울리고, 특히 초등학교 교사가 적성에 더 맞을 거라는 말씀을 해 주셨습니다. 평소 존경하는 선생님의 말씀이라 더욱 장래 희망에 대한 확신이 들었습니다.

초등 교사가 되기 위해서는 교육대학교에 입학해야 한다는 것을 알게 되었고, 그때부터 교육대학교를 목표로 공부했습니다. 요즘도 교육대학교의 입학 경쟁률이 만만치 않지만, 당시 에도 쉽지 않았습니다.

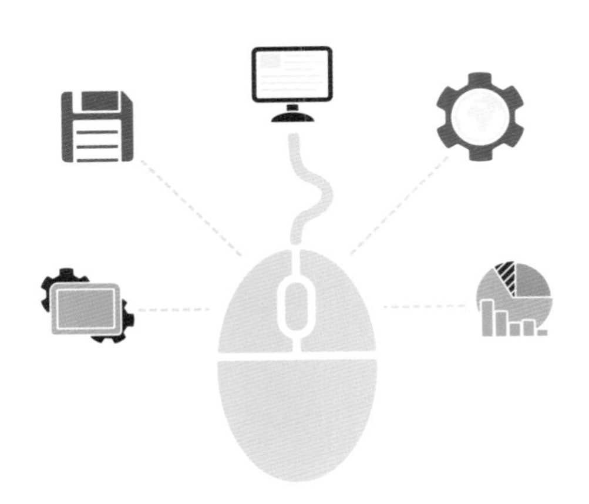

▲ 대학교 1학년 MT 가서 동기들과 함께

▲ 대학교 3학년 사진 동아리에서 올림픽 공원으로 출사 가서 한 컷

▲ 군 복무 시절 후임들과 내무반에서

Question 교육대학교에 입학한 계기는 무엇인가요?

초등학교 교사가 되는 방법은 교육대학교, 한국교원대학교, 이화여대와 제주대의 초등교육과에 입학하는 방법 밖에 없었습니다. 이화여대는 제가 남자이기 때문에 입학이 불가능하고, 한국교원대(청주)는 집에서 거리가 너무 멀어 아예 고려하지 않았습니다. 그래서 가장 통학하기 편리한 경인교육대학교를 선택했습니다. 지금 돌이켜 보면 아주 탁월한 선택이었던 것 같습니다.

현재 전국의 10개 교육대학교는 각 시도의 초등 교사 양성을 목적으로 하고 있지만, 서울교육대학교를 졸업하더라도 경기도 임용 시험에 응시하거나 제주도 임용 시험에 응시할 수 있습니다. 물론 각 지역 임용 시험에 응시할 때 가산점이 있기도 한데 때에 따라 바뀌기도 합니다.

경기도에서 근무하게 된다면 경기도는 서울과 비교하면 지역(환경) 선택의 폭이 매우 넓습니다. 본인이 원한다면 서울에 근접한 중소 도시에 근무할 수도 있고, 도시의 문화와는 거리가 멀지만 자연을 접할 수 있는 시골 학교나 분교에서도 근무할 수가 있기 때문입니다.

Question 대학 생활을 하면서 중요하게 생각한 것은 무엇이었나요?

교육대학교에 입학한 첫해에 어느 교수님께서 대학 생활을 하면서 꼭 3가지는 얻으라는 말씀을 하셨습니다. 그 3가지는 첫째, 평생 함께할 수 있는 친구를 만드는 것이고 둘째, 배우자로는 같은 교직에 있는 사람이 좋으니 학교에서 배우자를 미리 만나면 좋을 것이고 셋째, 평생에 존경할 수 있는 은사님을 만들라는 것이었습니다.

저의 경우에 그 3가지를 모두 얻었으니 대학 생활은 정말 잘한 것 같습니다. 하하.

제가 교육대학교에 다니면서 가장 중요하게 생각한 것은 동아리 활동이었습니다. 대학교 1학년 때에 사진 동아리에 가입하여 4학년 졸업할 때까지 정말 열심히 활동했습니다. 사진 동아리 활동은 지금까지 취미로 이어지고 있으며, 그때 찍은 사진은 졸업 후 교육 현장에서 자료로 계속 활용되고 있습니다.

Question 교육대학교에서 주로 어떤 것들을 배우나요?

교육대학교에서의 전공은 초등 교육학입니다. 부전공은 세부 학과로 나누어 공부하게 되는데 윤리교육과, 국어교육과, 사회교육과, 수학교육과, 과학교육과, 체육교육과, 음악교육과, 미술교육과, 생활과학교육과, 컴퓨터교육과, 교육학과, 특수교육학과, 유아교육과, 영어교육과 등이 있습니다. 전국에 있는 10개의 교육대학교에 따라서 세부 학과가 조금씩 다르며, 각 세부 학과에서는 부전공에 대하여 조금 더 깊이 공부를 하게 됩니다.

초등학교에서는 일반적으로 1~2과목(예체능 과목이나 영어)의 전담 교과를 제외한 나머지 교과를 한 분의 담임 선생님에게서 배웁니다. 그러므로 초등 예비 교사는 전 교과를 전공으로 배우게 됩니다.

부전공으로 배우는 세부 학과가 다르다 할지라도 각 과 공통으로 초등 교육 전반에 걸쳐 배울 뿐만 아니라 음악, 미술, 체육과 같은 예체능 전공과목으로 이수해야 합니다. 남학생의 경우에는 음악, 미술 전공과목을 어려워하고, 여학생의 경우 체육 전공과목을 어려워하는 편입니다.

Question 초등학교 교사가 되기 위해 어떤 준비 과정을 거쳤나요?

초등학교 교사가 되기 위해서는 전국에 있는 10개 교육대학교나 제주대의 초등교육과, 이화여대 초등교육과, 한국교원대 초등교육과를 졸업해야 합니다. 중등 교사 자격증은 전국의 사범대학, 교육대학원 등에서 발급할 수 있지만, 초등교사 자격증은 전국 10개 교육대학교·제주대·이화여대·교원대의 초등교육과를 졸업해야만 발급이 가능합니다.

예를 들어, 교육대학교의 세부 학과 중 하나인 국어교육과는 초등학교의 특성상 국어, 영어, 수학, 사회, 과학, 음악, 미술, 체육, 도덕, 실과를 모두 배우는 가운데 국어를 조금 더 깊이 공부하게 되고 반면, 사범대학의 국어교육과는 영어나 수학 같은 다른 과목은 전혀 배우지 않고 국어만 심도 있게 공부합니다. 즉, 교육대학교 학생들은 4년 동안 대부분 같은 수업을 들으며 비슷한 학교생활을 합니다.

학기 중에 교생 실습을 하게 되는데 2학년은 참관 실습, 3~4학년은 수업 실습을 통해 예비 교사로서 경험을 쌓게 됩니다.

교육대학교 4년 과정을 마치고 졸업하면 초등 2급 정교사 자격증을 받습니다. 자격증을 받는다고 바로 초등 교사가 되는 것이 아니고, 전국 16개 시도 교육청에서 시행하는 임용 시험에 합격해야 초등학교 교사로 발령받게 됩니다. 각 시도에서 시행하는 임용 시험은 보통 1차 이론 시험, 2차 면접 및 수업 시연(한글/영어), 토론 등으로 이루어지는데, 각 시도의 교육 정책에 따라 매년 변경되기도 합니다.

Question 학창 시절 롤 모델은 누구였나요?

중고등학교 시절에는 특별한 롤 모델이 없었습니다. 관심 있고 잘하고 싶은 분야는 많았지만 그 분야에 대해서 누구처럼 되어야겠다라는 생각은 해 보지 않았습니다. 그러다 교육대학교에 진학하고 졸업할 즈음에 인생의 롤 모델이 생겼습니다. 대학교 4학년이 되었을 때 새로 오신 교수님을 만나게 되었습니다. 그 교수님께서는 학생들에 대한 열정과 가르침에 대한 정성이 지금껏 보았던 그 누구보다도 대단했습니다. 교수님께서는 경인교대를 졸업하신 후에 초등학교에서 학생들을 가르치면서도 끊임없이 학업을 놓지 않으시고 결국에는 모교에서 후학들을 가르치는 교수로서 후배들을 만나셨습니다.

그분을 뵐 때마다 '다른 사람에게 감동을 주는 가르침을 배워야겠다. 그렇게 하려면 내가 얼마나 많이 배워야 할까?'라는 생각을 하게 되었습니다. 그렇게 학창 시절 롤 모델이 제 인생의 롤 모델이 되었습니다.

학생들의 기억에 남는 좋은 선생님이 되기를

▲ 2010년 3학년 가을 운동회

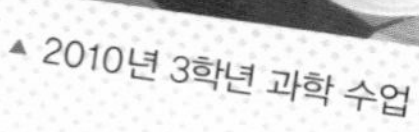
▲ 2010년 3학년 과학 수업

▲ 2013년 3학년 아이들과 교실에서

▲ 2015년 체육 수업 중 한 컷

Question 첫 발령지에서의 추억을 말씀해 주세요.

처음 발령받은 곳은 고양시의 원당 초등학교였습니다. 50학급이 넘는 큰 학교라 많은 선생님과 약 3천여 명의 학생들이 있었습니다.

학교에서 처음 맞는 겨울이었는데, 난방을 어떻게 했을까요? 그 당시만 하더라도 대부분의 학교에는 전기 난방기가 없었고, 구식 조개탄 난로를 이용하여 난방을 했습니다. 아침 일찍 출근하여 장작과 조개탄(조가비 모양으로 만든 연탄)을 받아 교실에서 난로를 피우고 있으면 하나둘 학생들이 등교하였습니다. 어떤 날은 학생들과 난로에 고구마, 감자를 구워 먹기도 했는데 지금 돌이켜 생각해 보면 즐거웠던 추억으로 남습니다.

요즘 대부분의 학교에서는 더우면 에어컨, 추우면 난방기를 돌려 더위와 추위를 잘 모르고 지내지만, 그 당시만 하더라도 춥고 더웠기에 그와 관련된 추억들이 참 많았습니다. 지금도 그 추억들을 생각하면 미소 짓게 됩니다.

Question 초등학교 교사가 갖추어야 할 중요한 자질은 무엇인가요?

'교육의 질은 교사의 질을 능가할 수 없다.'는 말이 있습니다. 그렇다면 과연 교사의 질이란 무엇을 의미할까요? 수업 시간에 학생들이 이해하기 쉽게 가르치는 선생님, 학급 성적이나 과목 성적이 높게 나오도록 가르치는 선생님, 유머 감각이 뛰어나 학생들을 즐겁게 만드는 선생님, 학생들이 잘 따르는 인자한 선생님 등 선생님마다 다양한 특징이 있습니다. 이 모든 것을 갖춘 선생님이라면 정말 훌륭하겠지만, 선생님도 인간인지라 대개 어느 한 부분으로 특징지어 질 수 있습니다.

제가 가장 중요하게 생각하는 것은 바른 인성, 즉 예의 바른 학생으로 가르치는 것을 최우선으로 합니다. 그러므로 초등학교 교사가 갖추어야 할 자질 또한 바른 인성이라고 생각합니다.

Question 교직 생활 중 가장 기억에 남는 일은 무엇인가요?

전교생 60여 명 남짓, 한 학년 한 반에 보통 10명 정도이던 시골 학교에서 근무했을 때가 가장 기억에 남습니다. 개교한 지 70년이 넘은 학교였는데, 근무할 당시 제대로 된 졸업 앨범을 갖고 졸업한 학생이 없었습니다. 학생 수가 많지 않았기 때문에 A4 용지보다 작은 8×10인치 인화지 1장이 졸업 앨범 대신이었습니다. 6학년 담임을 하면서 학생들에게 제대로 된 졸업 앨범을 만들어 주고 싶다는 생각에 1년 동안 열심히 사진을 찍었습니다. 수업, 현장 학습, 다양한 학교 활동, 졸업식 사진까지 여러 사진을 찍고 편집하여 졸업하는 학생들에게 학교 역사상 처음으로 멋진 졸업 앨범을 선사했습니다. 작은 시골 학교였지만 77회 졸업생 10명과 함께 만든 졸업 앨범은 교직 생활 중 평생 잊지 못할 큰 선물이었습니다.

Question 교직 생활에서 관심을 갖고 활동하고 있는 분야는 무엇인가요?

대학원에서 컴퓨터 교육에 관해 배운 뒤 학교 현장에 접목하려고 많은 노력을 기울였는데, 컴퓨터 기술이라는 것이 시대의 흐름에 따라 계속 변하고, 그 변화에 발맞추어 배워야 할 것이 크게 확장되다 보니 지속적으로 배워 현장에 활용하기가 쉽지 않았습니다.

때마침 시골 작은 학교로 옮기게 되었는데, 그때 그곳의 자연환경이 눈에 들어오더군요. 그때부터 우리나라에 자생하는 식물에 대해 관심을 갖게 되고 자연, 생태, 숲, 식물에 관해서 공부하고 있습니다. 어떻게 하면 학생들이 우리 자연에 관심을 갖고 자연과 함께할 수 있는 마음을 키울 수 있을까 고민하며 공부하고 있습니다. 앞으로 제가 평생 공부하고 싶은 분야입니다.

Question 초등학교 교사로서 전문성을 높이기 위해 어떤 노력을 하나요?

일반 사람들이 교사라는 직업을 제일 부러워하는 이유가 바로 방학이죠? 방학 동안 학생들이 쉬기 때문에 교사도 쉰다고만 생각하지요. 하지만 방학 동안 계속 쉬기만 하는 것이 아니고 학교에서 근무하거나 연수를 받습니다. 방학이 있기에 교사 본인이 원한다면 정말 많은 것들을 배울 수 있습니다.

▲ 2011년 6학년 아이들과 숲 체험 활동을 마치고

초등 교사는 다양한 영역에 걸쳐 학생들을 지도하기 때문에 여러 분야의 지식과 경험이 필요합니다. 예전에는 방학에만 연수 활동을 했지만, 요즘은 학기 중에도 컴퓨터로 하는 원격 연수나 주말 연수를 통해 교사로서의 전문성을 쌓고자 노력하고 있습니다.

교사의 경우에는 1년에 보통 많게는 200여 시간에서 적게는 100여 시간, 일반적으로 150여 시간의 연수를 받고 있습니다. 학생 상담에서 시작해 학급 경영, 수업 기법, Steam 교육, 환경 교육, 생태 교육 등 각 교사가 관심 있는 부분에 초점을 맞추어 연수를 받고 있습니다. 배움에 끝이 없듯이 연수를 받으면 받을수록 배우고 싶은 분야가 많아집니다.

Question 초등학교 교사로서 어떨 때 가장 큰 보람을 느끼나요?

교사로서의 보람은 바로 제자가 아닐까 합니다. 가르치는 즐거움은 학생이 지식을 이해하고 실천하는 모습을 볼 때 가장 크고, 교직에 대한 보람을 느끼게 됩니다.

옛날과 비교해 교원의 급여는 상향되었다고는 하나, 학부모나 학생들이 교원을 바라보는 시선은 예전 같지 않고 여러 가지 민원 사항도 많아진 것이 현실입니다.

경기도교육청의 경우 학생인권조례도 제정되고 학생, 학부모의 인권이 중요시되고 있지만, 그에 반해 교권은 추락한 것이 사실입니다. 교사들이 보람을 갖고 학생들을 가르칠 수 있도록 교사의 권리와 지위를 보장하는 환경이 좀 더 갖춰지길 기대합니다.

Question 초등학교 교사 직업의 장점과 단점은 무엇인가요?

대부분 교육대학교에서는 입학할 당시에 특정 성비가 70%를 넘지 않도록 규정하고 있습니다만 학교 현장에 나와 보면 70% 이상이 여교사, 남교사는 30%가 되지 않습니다.

남선생님보다 여선생님이 많아서 남선생님들은 부부 교사로 재직하고 있는 편인데, 부부 교사로 지내다 보면 단점보다는 장점이 훨씬 많습니다. 예를 들어 서로의 직장 생활을 잘 알다 보니 같이 소통도 잘 되고, 여가를 함께 보낼 수 있는 시간이 많습니다.

부부 교사로 재직하는 선생님에게는 큰 장점이 될 수 있고, 그렇지 않은 선생님에게는 조금 아쉬운 점이 될 수도 있습니다.

Question

초등학교 교사를 꿈꾸는 청소년들에게 한 말씀해 주세요.

여러분의 장래 희망이 초등학교 선생님인가요? 밝고 장난기 가득한 어린이들과 함께할 마음의 준비가 되어 있나요?

중학교, 고등학교 교사와 다르게 초등학교는 이제 막 학교에 입학한 1학년부터 어느덧 의젓해진 6학년까지 6개 학년을 넘나들면 가르쳐야 하는 어려움이 있습니다. 1학년의 경우 때로는 손수 우유갑을 열어 줘야 하며, 똑같은 질문을 하루에 수십 번 듣고 수십 번 대답해 줘야 하는 경우도 있습니다. 또한, 초등학교에서 최고 학년인 6학년은 사춘기에 접어들면서 반항기가 시작되어 고충이 있는 편입니다.

하지만 아이들은 참으로 사랑스럽습니다. 정말 다양한 사람들이 세상에 살아가듯이 한 학급 약 30명의 아이도 하나하나 다른 모습의 삶을 살아가고 있습니다. 그 아이들의 다름을 인정하고 보듬을 마음의 준비가 되어 있다면 초등학교 교사로서 충분하지 않을까 싶습니다.

Question

교직 생활을 하면서 안타까웠던 일이 있었나요?

교직 생활을 평이하게 한 것일까요? 아직 그렇게 안타깝거나 가슴 아팠던 적은 없습니다. 앞으로 교직 생활을 하면서 그런 일이 생길 수도 있겠지만 겸허히 받아들여야겠죠?

Question 초등학교 교사로서 목표가 있다면 무엇인가요?

일반적으로 교육대학교를 졸업하고 정년퇴직할 때까지 근무 기간은 약 35년에서 40여 년입니다. 어느새 교직에서 학생들과 함께한 지 20여 년이 지났고, 앞으로 20여 년이 남아 있습니다. 지난 20여 년은 참으로 빨리 지나갔습니다. 초등학교 교사로서 남은 기간은 후회하지 않도록 학생들과 즐겁게 보내고 싶습니다. 매년 가르칠 때마다 '올해 맡은 학생들에게 기억되는 교사가 되자.'는 생각을 가지고 가르치고 있습니다.

Question 정년퇴직 이후에는 어떤 일을 할지 계획하고 있나요?

앞으로 정년퇴직까지의 시간은 많이 남아 있지만, 퇴직 후에도 좋아하는 일을 계속하고 싶습니다.

첫 번째로는 하나의 그릇을 완성하고 싶은 생각이고, 두 번째로는 완성한 그릇을 통하여 다른 사람들과 함께 가르침을 나누고 싶습니다.

제일 먼저 정년퇴직에 즈음하여 우리나라 식물에 관련된 개인 사진전을 개최하고 싶습니다. 사진전을 통해서 개인적인 만족감도 높이고, 평생 우리나라 산야를 다니면서 담은 소중한 우리 식물들을 많은 이들에게 알리고 싶습니다.

두 번째로 지금도 교사로서 학생들을 가르치는 일을 하고 있지만, 퇴직 후에도 계속 가르치는 일을 하지 않을까 싶습니다. 평소 우리나라 식물과 숲에 관심이 많고 공부도 계속하고 있어 퇴직 후에도 관련된 일을 계속하려고 합니다. 관련 책을 집필하고 우리나라에 자생하는 식물을 통한 다양한 숲 탐방과 식물 탐사 등 각종 체험 행사를 운영하여 어린이들이 우리 식물에 대해 관심과 사랑을 가질 수 있는 여러 활동을 하고 싶습니다.

Question 미래를 꿈꾸는 대한민국의 청소년들에게 한 말씀해 주세요.

첫째, 우리 학생들이 꿈을 크게 가졌으면 좋겠습니다. 그 큰 꿈을 우리나라뿐만 아니라 세계 속에서 펼칠 수 있도록 하세요. 아메리카 대륙을 향해서, 유럽 대륙을 향해서, 오세아니아 대륙을 향해서 더 넓은 세계를 향해서 꿈을 꾸세요.

둘째, 통일 대한민국을 위해 힘쓰면 좋겠습니다. 분단국가로 살아가는 이 안타까운 현실에서 벗어나 남과 북이 하나 되어 세계 속의 대한민국으로 우뚝 서길 바랍니다. 하루빨리 이루기 위해서는 국민 한 사람 한 사람의 땀과 노력이 필요합니다. 특히 여러분들의 의지가 중요하다고 생각합니다. 잊지 마세요. 여러분은 자랑스러운 대한민국의 미래입니다.

Question 공부 잘하는 비법 한 가지만 알려 주세요.

공부를 잘하려면 어떻게 해야 할까요? 수업 시간에 집중하고 예습, 복습을 철저히 하고 규칙적인 계획을 세워 실천하면 어느 정도 공부를 잘할 수 있다는 것은 누구나 알고 있습니다. 공부하는 습관을 가지고 하게 되면 공부하는 방법은 스스로 터득하게 됩니다.

중요한 것은 위와 같은 내용을 누구나 알고 있는데, 누구는 잘하고 누구는 잘하지 못하죠? 왜 그럴까요? 그것은 바로 실천의 문제입니다. 계획은 누구나 다 세우는데, 실천력에 따라 달라집니다. 계획을 세우는 것도 중요하지만 실천하는 것이 더욱 중요합니다. 공부는 목표를 세운 후에 꼭 이루겠다는 마음으로 실천한다면 잘할 수밖에 없습니다.

Question 친구를 잘 사귀는 방법 한 가지만 알려 주세요.

친구를 잘 사귀는 방법이 무엇일까요? 바로 친구에 대한 배려가 아닐까요? 학생들뿐만 아니라 어른들의 관계에서도 마찬가지랍니다. 누군가 나를 배려해 준다는 생각이 들면 당연히 그 사람에 관해 관심과 호감이 생기게 됩니다. 친하게 지내고 싶은 친구가 있다면 먼저 다가가세요. 그리고 그 사람을 위해 양보하고 배려하세요.

▲ 2014년 체육 수업

▲ 2011학년 6학년 담임. 반 아이들과 모두 함께 감악산 정상에 오른 그날!

▲ 2013년 3학년 현장 체험 학습

어려서부터 학생들에게 학습의 재미와 올바른 인성을 갖도록 도와주는 멋진 선생님이 되고 싶었습니다. 우연한 기회를 통해 특수 교사라는 직업을 알게 되면서 꿈으로 삼았고, 그 꿈을 이루기 위해 노력하며 학창 시절을 보냈습니다. 물론 실패와 좌절도 맛보았지요. 하지만 포기하지 않고 준비하고, 도전하여 특수 교사라는 꿈을 이루었습니다.

처음에는 장애 학생들을 가르치는 것이 쉽지만은 않았는데, 지금은 오히려 학생들에게 긍정적인 에너지를 얻고, 사랑을 주고받을 수 있는 귀한 마음을 얻게 되었습니다. 장애 학생들에게는 실용적인 학습 내용과 학습 동기를 유발할 수 있는 재미있는 자극이 필요합니다. 이것이 제가 수업을 준비하는 데 가장 심혈을 기울이는 부분입니다.

느리지만 조금씩 성장해 가며 잘 따라와 주는 우리 학생들을 볼 때 너무나 뿌듯하고, 특수 교사라는 직업에 대한 만족감과 자부심을 느낍니다.

용인 강남학교

김명연 특수 교사

- 현) 경기 용인 강남학교 특수 교사
- 가톨릭대학교 특수교육과 졸업

교사의 스케줄

김명연
교사의
하루

23:00 ~ 06:00
▸ 수면

06:00 ~ 08:00
▸ 출근 준비 및 아침 식사

08:00 ~ 09:00
▸ 출근 및 수업 준비

08:40 ~ 09:00
▸ 학생 등교 지도

09:00 ~ 15:30
▸ 수업 및 생활 지도, 담당 업무 처리

15:30 ~ 17:00
▸ 교실 정리 및 다음날 수업 준비

17:00 ~ 19:00
▸ 퇴근 및 저녁 식사

19:00 ~ 23:00
▸ 운동 및 휴식

▲ 초등학교 시절 교내 합창 단원으로 활동

▲ 초등학교 시절 피아노 발표회 연주

▲ 중학교 시절 친구들과 함께

▲ 고등학교 시절 졸업식 행사 진행

Question 초등학교 시절에는 어떤 학생이었나요?

남들보다 1살 일찍 학교에 들어가서 그랬는지 초등학교 저학년 때는 수줍음도 많았고, 받아쓰기도, 구구단도 다른 친구들보다 조금 늦게 깨우쳤던 것 같아요. 발표도 잘 못하고 건의 사항이나 질문이 있어도 손도 잘 못 드는 조용한 아이였어요. 그런데 고학년으로 올라가면서 자신감도 많이 붙고, 사회성도 좋아지면서 적극적인 본래 성향이 나타나더라고요. 그러면서 줄반장과 각 부서 임원을 맡게 되었고, 점점 활발하고 자신감 있는 학생이 되었던 것 같아요.

Question 중고등학교 시절에는 어떤 학생이었나요?

중학생 때는 격동의 사춘기를 보냈습니다. 친구들과 연예인이 좋았고, 남자 친구도 사귀고 싶었고, 옷과 화장품에도 관심이 생겨서 패션 잡지도 여러 권 봤던 것 같아요. 공부는 항상 중상위권을 유지하면서 열심히 놀기도 하였습니다. 고등학생이 되면서 저의 적극적이고 리더십 있는 성격 덕분인지 우연히 학급 반장을 맡게 되었어요. 한 학급을 이끌어가야 된다는 책임감이 컸기 때문에 리더로서의 모습이 점점 갖춰지더라고요. 어느새 저희 반은 성적 우수반이 되었고, 제 성적도 상위권을 유지하게 되었고요. 고 2~3학년 동안 반장으로 활동하면서 스스로 저에 대한 기대를 가지고, 그에 부합하게 되면 칭찬도 많이 했던 것 같아요. 덕분에 긍정적이고 밝은 에너지를 가진 지금의 모습이 되지 않았나 싶어요.

Question 어떤 성격이고, 어떤 분야에 흥미가 있었나요?

사람들이 저를 보면 밝고 명랑해 보인다고 해요. 차분해 보인다거나 여성스러워 보인다는 말은 거의 들어 본 적이 없어서 가끔 변화를 주고 싶을 때도 있었지만, 저의 밝은 에너지가 다른 사람에게 전달되고 그로 인해 그 사람의 기분이 밝아질 수 있다고 생각하니 뿌듯함과 당당함이 생기더라고요.

또한, 적극적인 성격 때문인지 관심을 갖거나 흥미를 느끼는 분야도 많은 편이에요. 어릴 적 디즈니의 '신데렐라'와 '백설공주' 비디오를 보고 그때부터 영어가 좋아지더라고요. 영어는 항상 제가 공부를 게을리하지 않도록 만드는 언어예요. 음악을 좋아하여 피아노 치는 것도 좋아하였고, 대학 때에는 밴드부에서 베이스 기타를 연주하기도 했어요.

또한, 어머니의 영향을 받아서 음식 만드는 것을 좋아하고, 웬만한 한식 요리와 제과는 한 번 보기만 해도 완성할 수 있어요. 요리를 해서 대접할 때도 큰 행복감을 느껴요.

Question 학창 시절 감명 깊게 읽었던 책은 무엇인가요?

일본 작자가 쓴 '보물 지도'라는 책이 있어요. 대학교 4학년 때 처음 임용 고시에 낙방하고 슬럼프가 오면서 방황을 하게 되었는데, 그때 누군가가 이 책을 추천해 주어서 읽게 되었어요. 인생의 목표를 자세히 설계하고 이미지화하여 주변에 붙여 놓고 계속 되새김질하면 무의식적으로 그 목표를 이루기 위해 더욱 노력하게 되고, 결국에는 자신이 이루고 싶은 최종의 목표까지 도달할 수 있다는 내용이었어요.

목표가 없어 계획도 세울 수 없는 현실과 불투명한 미래 때문에 답답해 하는 취업 준비생이나 진정한 행복을 위해 장단기 목표를 찾고 있는 모든 사람들에게 추천해 주고 싶은 책이에요. 특히 입시 위주의 교육과 성적만을 성공의 잣대로 삼아 목표가 무엇인지조차 알지 못하는 학생들에게 꼭 추천해 주고 싶어요.

Question 학창 시절 장래 희망은 무엇이었나요?

부모님께서는 한의사를 목표로 공부하길 바라셨는데, 전 막연히 누군가를 가르치는 선생님이 되면 재미있겠다는 생각을 했었어요. 초등학교 6학년 때 수학 선생님께서 원기둥과 구의 넓이를 구하는 공식을 무조건 암기하게 하지 않고, 그 원리를 이해하여 어떻게 공식이 만들어 졌는지 설명해 주신 적이 있었어요. 전 그때 처음 수학이 신기하고 재미있는 과목이라는 것을 알았어요. 그 후로 저에게 수학은 재미있고 좋아하는 과목이 되었어요. 그때 그 선생님의 수업 방식으로 인해 제가 학습에 재미를 느꼈던 거죠. 마찬가지로 저의 가르침을 통해 누군가가 깨닫고 즐거움을 느낀다면 굉장한 보람을 느낄 것 같더라고요. 그러던 찰나에 우연히 특수교육과 교수님의 강연을 듣고 진로 상담을 하면서 특수 교육이라는 분야를 알게 되었고, 큰 관심을 갖게 되면서 저의 진로 목표가 되었던 거죠.

Question 학창 시절 롤 모델은 누구인가요?

전 항상 선생님이 동경의 대상이었어요. 초등학교 때 수학을 좋아하게 해 주셨던 선생님을 통해 제게 교사라는 꿈이 생겼죠. 그러던 중 고등학교 2학년 때 엄하기로 소문난 담임 선생님의 카리스마와 포용력이 너무나도 멋있게 느껴지더라고요. 그때 저에게 반장이라는 직책을 주시며 때론 엄하게 채찍을, 때론 따뜻하게 당근을 주시며 이끌어 주셨어요. 담임 선생님이 보여 주신 교사의 참모습을 통해 저 또한 교사가 되고 싶다는 마음이 강해졌고, 진정한 교사로서의 롤 모델이 되어 주신 선생님께 지금도 감사함을 느끼고 있습니다. 홍금애 선생님, 감사하고 사랑합니다. 하하.

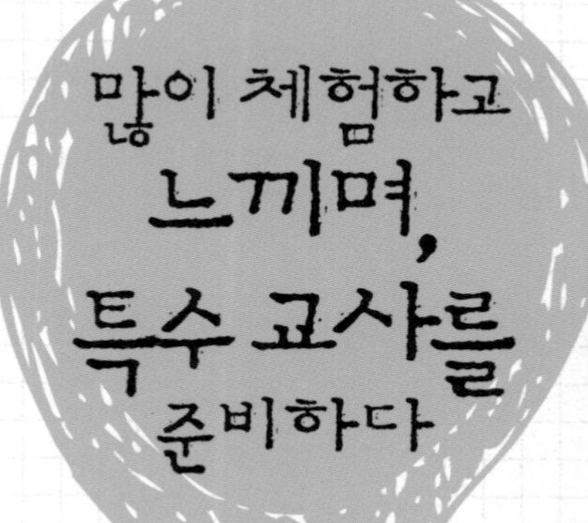

▲ 2004년 대학교 밴드 동아리에서 베이스 기타를 연주하며

▲ 2005년 미국 인턴 생활 중 여행

▲ 2006년 대학교 2학년 때 미국 여행 중 할리우드 거리에서

Question 대학 전공은 무엇이었나요?

가톨릭대학교에서 특수교육학을 전공하였고, 부전공은 필수로 선택해야 했는데 제가 항상 관심을 가지고 있던 영어영문학을 선택하였어요.

Question 특수 교육을 전공하기 위해 다시 수능을 봤다고요?

첫 대학 입시 때, 수능 시험을 잘 못 봐서 성적이 좋지 않았어요. 수시 모집 때 희망하던 대학의 특수교육과에 지원했지만, 교육과는 워낙 경쟁률이 높아 제 성적으로는 좋은 결과를 얻지 못했어요. 그래서 점수에 맞추어 대학과 학부를 찾아 지원하게 되었고, K대학교 국제학부에 들어가게 되었어요. 한 학기 동안 대학 생활과 영자 신문 동호회 활동을 열심히 하면서 재미있게 즐겼지만, 어릴 때부터 하고 싶던 공부가 아니었기에 대학 전공에는 흥미를 느끼지 못했어요. 그래서 한 학기를 마친 후에 과감히 자퇴를 하고 5개월 동안 열심히 공부하여 다시 수능을 보게 되었고, 그 결과 가톨릭대학교 특수교육과에 합격할 수 있었어요.

Question 특수교육과에서는 어떤 것들을 배우나요?

교사가 되기 위한 가장 기본이 되는 학문인 교육학(교육철학, 교육사, 교육심리, 교육사회, 교육방법 및 공학, 교육행정 등)을 공부합니다.

정신 지체, 시각 장애, 청각 장애, 자폐성 장애, 학습 장애 등 여러 가지 장애의 유형에 대해서도 깊이 있게 공부하게 돼요. 각 장애의 원인, 특징, 진단 평가, 교수 학습법 등을 장애별로 심도 있게 배우게 되지요. 또한, 장애 학생들에게 맞는 특수 교육 과정과 특수 교육법을 배워요.

Question 특수 교사가 되기 위해 어떤 준비 과정을 거쳤나요?

저는 첫 임용 고시에서 아쉽게 낙방하였지만, 다음 해에 사립 특수 학교에서 보는 자체 선발 임용 시험에 합격하였습니다.

임용 고시에 합격하려면 교육학, 특수교육학, 교육법 등 관련된 공부를 많이 해야 해요. 공부도 중요하지만 특수 교사가 될 수 있는 자질도 중요한 것 같습니다. 저는 대학 생활 내 내 자원봉사도 꾸준히 하였고, 장애 학생들을 만날 수 있는 기회를 많이 만들었던 것 같아 요. 특수 교사는 조금은 특별한 일을 하기 때문에 자신에게 잘 맞는 직업인지 미리 경험할 수 있는 기회를 갖는 것도 중요하다고 생각해요.

Question 특수 교사가 되는 데 가장 큰 영향을 미친 것은 무엇인가요?

어렸을 때부터 교사가 되고 싶다는 마음이 싹을 피웠습니다. 그러던 중 어느 교수님의 강 연을 듣고, 상담을 통해 특수 교육이란 것을 처음 접했을 때 '나도 할 수 있고, 해 보고 싶 다.'라는 생각이 들며, 그 싹이 자랄 수 있게 물을 주었던 것 같아요.

또한, 특수교육과에 입학하고 장애 학생들을 자주 만나면서 아이들을 대할 때마다 저의 마음이 따뜻해지고 충만해지는 느낌이 꽃을 피우게 만들었어요. 꽃을 피우기 전까지는 '내가 정말 할 수 있을까?'라는 의구심도 들었지만, 아이들을 만나면서 특수 교사라는 직업이 얼마나 값지고, 저에게 행복함을 주는 것인지 깨닫게 되면서 확신을 가지게 되었습니다.

Question

대학 생활을 하면서 중요하게 생각한 것은 무엇이었나요?

'대학생일 때 경험할 수 있는 것은 다 해 보자.'라는 생각이었어요. 그 시간이 지나면 하기 어려운 일들이 많잖아요.

그래서 과외, 영화관 직원, 음식점 서빙, 독서실 총무, 제과점 서빙 등 평소 해 보고 싶었던 아르바이트는 거의 해 봤었어요. 아르바이트를 하면서 다양한 사람을 만나고, 여러 사건 사고를 겪으면서 재미있는 추억과 값진 경험을 얻을 수 있었어요. 직접 용돈을 벌어 쓰고 학비에도 조금씩 보태게 되니 경제관념도 투철해진 것 같고요.

그리고 동아리 활동도 재미있게 했던 것 같아요. 영자 신문 동아리와 중앙 밴드 동아리 활동에 참여하였는데, 지금 생각하면 대학 생활의 가장 큰 추억거리는 동아리 활동이 아니었나 싶어요. 재미있는 추억도 쌓고, 제가 하고 싶고 좋아하는 것도 깊이 있게 배울 수 있었거든요.

여행을 다니면서 보고 듣고 느끼는 것도 많았어요. 안 다녀 본 곳이 없을 정도로 친구들과 이곳저곳을 여행 다녔고, 열심히 아르바이트를 해서 번 돈으로 미국, 일본, 중국, 필리핀 등으로 해외 여행도 자주 갔어요. 접해 보지 못했던 것을 직접 체험하면서 제 꿈과 미래에 대한 확신을 빨리 갖게 된 계기가 되었어요.

▲ 대학교 2학년 때 영화관 아르바이트 중

▲ 교내 풀장 이용하기 수업

▲ 6학년 학생들과 여름 음식과 관련된 수업을 하며 빙수 만들기

▲ 학생들과 함께 종강 파티

▲ 비장애 형제자매와 함께 미술 수업 진행

Question 특수 교사는 어떤 일을 하나요?

특수 학교 교사는 장애가 있어 특수한 교육이 필요한 학생들을 교육하는 일을 합니다. 주로 특수 교육 대상 학생만을 위해 설립된 특수 학교나 일반 학교의 특수 학급 등에서 근무하게 됩니다.

특수 교사는 신체적, 정신적 장애를 겪고 있는 학생들이 효과적으로 장애를 극복하고 사회 구성원으로 살아갈 수 있도록 유치원, 초등학교, 중학교, 고등학교에 준하는 교육과 생활에 필요한 지식 및 기능을 가르치는 업무를 합니다.

또한, 장애 학생의 장애 정도, 발달 상황 등을 고려하여 적절하게 학습 지도를 하며, 점심 식사 및 등·하교 지도, 의복 착·탈의, 몸단장, 씻기 등 학생들의 생활 지도 및 인성 지도를 하기도 합니다.

Question 첫 발령지에서의 추억을 말씀해 주세요.

처음 특수 교사로 아이들을 만난 것은 26살 때이고, 성남의 한 특수 학교의 중학교 3학년 학생들을 가르쳤어요. 처음 맡는 담임이었고, 9명이나 되는 한 반을 맡게 되어 부담이 컸죠.(중학교 한 반의 적정 인원은 6명입니다.) 더군다나 우리 반은 보육원에서 지내는 아이가 대다수여서 장애와 경제적 어려움을 동시에 가지고 있던 학생들이었어요. 그중 한 학생은 대소변을 잘 가리지 못하였고, 자기 마음에 들지 않는 상황이되면, 제 얼굴을 때리거나 머리채를 잡는 버릇이 있었어요. 처음 한두 달 동안은 얼굴을 맞고 여러번 울기도 하고, 힘들어서 살도 빠졌어요. 행동 수정 기법도 써 보고, 선배 선생님들의 조언도 들으면서 한 학기를 버티니, 그 때부터는 학생들을 어떻게 다루고 대해야 하는지 파악되더라고요. 저의 머리채를 잡고 실랑이를 벌였던 그 학생으로 인해 전 제가 특수 교사로서의 자질이 있음을 충분히 느끼게 되었고, 지금은 가장 보고 싶은 애제자가 되었네요. 하하.

Question 특수 교사에게 가장 중요한 자질은 무엇이라고 생각하나요?

인내와 포용력이라고 생각해요. 장애 학생들은 일반 학생들보다 학습 속도가 느려 예상하는 것보다 훨씬 더 많은 시간을 기다려줘야 해요. 학습부터 일상생활까지 대부분의 면에서 학생의 발전된 모습을 보기 위해서는 일주일, 한 달, 아니 일 년이 걸리고, 그 이상이 걸리기도 해요. 저도 가끔 수업 시간에 학생들에게 '지난 시간에 여러 번 배운 것인데 왜 또 기억을 못하냐?'고 호통을 치기도 하는데, 그런 후에는 '내가 아직도 우리 아이들을 이해하지 못하고, 기다려주지 않았구나.'하며 되돌아서서 후회할 때도 있답니다.

또한, 우리 아이들은 사랑으로 많이 안아줘야 해요. 자신이 원하는 것을 표현하기 힘들고, 원치 않는 것을 말하지 못하는 아이들이 많아요. 몸이 불편해서 의도대로 행동할 수 없기도 하고요. 학생들의 입장에서 보면 '얼마나 답답할까, 얼마나 힘들까.' 아이들의 마음이 이해되더라고요. 제가 사랑으로 감싸 주면 선생님의 마음을 아는지 아이들도 조금씩 변하고 성장해 가더라고요.

Question 교직 생활을 하면서 기억에 남는 일이 있나요?

처음 특수 학교에 발령받았을 때 반듯하게 정장을 차려 입고 출근했어요. 그런데 대부분의 선생님들이 트레이닝 복장을 하고 계셔서 조금 의아하더라고요. 한 선생님께서 "선생님, 학생들과 지내려면 정장은 많이 불편할 겁니다. 편하게 입을 옷을 챙겨야 될 거예요."라고 하시더라고요. 그 말씀이 무슨 뜻인지 발령받은 첫날 알게 되었어요. 점심시간에 한 학생이 식판을 엎어 저의 하얀 블라우스는 김치 국물로 물들고, 그 다음날에는 창밖으로 책을 던지는 학생을 저지하다가 정장 치마가 쭉 찢어 졌죠. 정신없이 며칠을 보내면서 저도 자연스럽게 활동하기 좋은 복장으로 갈아입게 되었고, 지금은 항상 아이들과 자유롭게 활동하고 신나게 뛰어놀기 편한 옷을 입고 출근하고 있답니다.

Question 특수 교사로서 가장 관심 있는 분야는 무엇인가요?

대학교 때 휴학하고 1년간 미국 대학교의 장애 학생 전환 교육 프로그램에서 인턴 생활을 했어요. 장애 학생들이 정규 교육 과정인 고등학교 졸업 이후에도 사회생활과 독립생활을 올바르게 할 수 있도록 교육하는 프로그램이었어요. 장애 학생들의 경우, 고등학교까지의 의무 교육 과정을 마치면 취업을 하지 않는 한, 갈 곳이 없는 것이 현실이에요. 제가 참여한 프로그램은 학생들이 사회 일원으로서 생활할 수 있도 록 최대한 도와주며, 되도록 많은 장애 학생들이 그렇게 될 수 있도록 지원해 주고 있었어요. 인턴 과정을 거치면서 우리나라 장애 학생들도 적극적인 지원과 좋은 프로그램으로 고등학교 이후의 전환 교육을 받을 수 있었으면 좋겠다는 생각을 했어요. 조금 더 공부하여 장애 학생을 위한 전환 교육 프로그램을 만들어 운영하고 싶습니다.

▲ 미국 TIL 프로그램 인턴 활동 중 취업에 성공한 장애 학생을 인터뷰 하며

Question 특수 교사가 된 후 가장 관심있는 영역은 무엇인가요?

'세계 공용어인 영어가 장애 학생들에게 어느 정도 필요할까?'라는 생각을 많이 했어요. 특수 교육 대상자를 위한 영어 교과서를 올해 처음 받아 봤을 정도로 영어 교육 과정이 이제 막 시작 단계예요. 영어가 살면서 필요한 언어인 만큼 특수 교육 대상 학생의 영어 교육에도 관심을 가지고, 효과적인 영어 교육 과정과 교육 자료를 개발하여 우리 학생들에게 수업할 수 있었으면 하는 바람이에요.

Question 특수 교사로 생활하면서 기억에 남는 제자가 있나요?

교직 생활 중 저를 가장 힘들게도 했지만, 나중에는 저를 많이 좋아해 주었던 지혜가 생각나요. 정신 지체였는데 간질 장애를 동반하고 있어 수시로 경기를 하던 학생이었어요. 2년 동안 그 학생의 담임을 하게 되었는데 고집스러운 성격 때문에 저와 실랑이도 몇 번 하였고, 몸도 약하고 자주 경기를 일으켜 항상 주의가 필요했어요. 그 학생을 맡으며 특수 교사로서 아이들을 가르칠 때에 인내해야 하는 부분이 많다는 것을 배웠고, 다치지 않도록 항상 모든 학생들의 안전에 주의를 기울이는 게 중요하다는 것도 알게 되었어요. 종종 제가 그립고 보고 싶다며 연락이 오는데, 저를 기억하고 찾아 준다는 것만으로도 기특하고 고맙더라고요.

Question 특수 교사로서 어떨 때 가장 큰 보람을 느끼나요?

대부분의 장애 학생들은 조금 부족하고 특별해서 문제 행동을 할 때가 있어요. 가정에서 나 학교에서나 공공장소에서 문제 행동을 보이는 경우도 흔하지요. 우리 학생들이 대부분의 환경에서 조화롭게 지내기 위해서는 문제 행동을 줄이고, 적합한 행동으로 변화하도록 돕는 게 중요하다고 생각해요. 그래서 저는 학생들이 적합한 행동을 익힐 수 있도록 일상생활 훈 련을 집중적으로 지도해요.

학생의 행동이 변하는 과정에서 오랜 시간이 걸리기도 하고, 시행착오도 많아요. 그러나 아이들이 조금씩 변화하여 성장하는 모습이 보이고, 주변에서나 학부모님께서 학생의 이러한 행동이 좋아졌다고 칭찬할 때, '내가 특수 교사로서 소명 의식을 가지고 열심히 하고 있구나.'하는 생각이 들면서 뿌듯하고 기쁘더라고요. 성장하는 아이들도 너무 사랑스럽고 자랑스럽고요. 그럴 때마다 특수 교사가 천직이라는 생각이 들어요.

Question 특수 교사라는 직업의 장점과 단점을 말씀해 주세요.

입시 위주의 공부나 주입식 교육은 특수 교육의 공간에서는 중요하지 않아요. 우리 학생들의 일상생활 기술이 얼마나 향상되었는지, 사회의 일원으로 살아가기 위해 필요한 기본적인 지식을 갖추었는지가 가장 중요한 교육 과제거든요. 그래서 교사들도 학생들에게 스트레스를 주며 대학 보내기 위한 공부를 하지 않아도 되죠. 항상 실용적인 주제로 흥미를 유발할 수 있도록 수업을 진행해야 학생들도 재미있게 참여할 수 있어요.

무엇보다도 학생들 모두가 순수하고 해맑아서 아이들을 가르치고 지켜보면 저의 마음까지 깨끗해지는 것 같아 좋아요.

단점이라면, 간혹 폭력성을 동반한 문제 행동을 하는 학생이있어요. 그런 경우 여자 선생님은 남학생에게 힘에서 밀려 제지하기 힘들 때가 있죠. 그럴 경우 가끔 위험한 순간도 있어 주변 남자 선생님의 도움이 필요합니다.

또한 고학년이 되면 학생들에게 2차 성징이 나타나기 시작하는데, 특히 월경을 시작하는 여학생들의 경우 신변 처리를 혼자 하지 못하는 경우가 있어요. 그럴 경우 남자 선생님들은 여학생의 신변 처리를 돕지 못해 난처한 상황이 되죠. 남자 선생님들께서는 여자 화장실 앞에서 여자 선생님들께 도움 요청을 많이 해요.

Question 특수 교사 생활을 하면서 가슴 아팠던 일이 있었나요?

첫 근무지에서 만난 중학교 3학년 남학생이 있었는데 인지 수준이 낮고, 의사 표현을 잘 하지 못했어요. 그래도 항상 밝게 웃는 모습이 너무나 예쁘고 잘생긴 학생이었죠. 집안 사정이 좋지 않아 아버님은 양육을 거의 포기한 상태로 지방으로 이사를 가셨고, 그 학생은 친형과 함께 작은 고시원에서 생활했어요. 몇 달 뒤 형의 사정도 여의치가 않아 학생은 장애시설이 있는 보육원에 맡겨지게 되었어요. 그 후로 스트레스 때문인지 학생은 틈만 나면 울고 자해를 하는 문제 행동을 보였고, 얼굴은 시퍼런 멍과 피딱지로 상처투성이가 되었어요. 아버님께 여러 번 연락을 시도했지만 번번이 실패하였고, 상처투성이가 된 얼굴로 중학교를 졸업시켰던 기억이 나요. 자신의 힘듦과 아픔을 말로 표현하지 못하니 얼마나 답답하고 힘이 들었을까 싶더라고요. 안타까운 처지에 놓였던 그 학생을 생각하면 담임으로서 더 많이 도와주지 못한 미안한 마음이 아직도 드네요.

Question 특수 교사로서 앞으로 목표가 있다면 무엇인가요?

나중에 여러 선생님들과 뜻을 모아 장애 학생들의 고등학교 졸업 이후의 독립생활을 지원할 수 있는 전환 교육프로그램을 개발해 보고 싶어요. 이미 시행되고 있는 전환 교육 프로그램이 있는 것으로 알고 있는데, 경력을 충분히 쌓고 기회가 된다면 꼭 참여하고 싶네요.

또한, 장애학생들의 영어 교육 과정 및 교재 교구 개발에도 참여하여 학생들이 영어에 흥미를 갖고 공부할 수 있도록 하고 싶어요.

Question 특수 교사를 꿈꾸는 청소년들에게 한 말씀해 주세요.

특수 교사를 하기 위해서는 진심과 사랑으로 학생들을 가르치겠다는 마음이 가장 중요해요. 단순히 교사가 되기 위해 특수 교육을 선택하였다가 장애 학생들을 맞닥뜨리면서 직업에 대한 자괴감에 빠지고, 자신의 성향과 맞지 않다고 포기하는 선생님들도 몇몇 보았어요. 또한, 교직 생활을 하면서 학생들을 무시하거나 아예 포기해 버리는 선생님들도 간혹 만나게 되었고요.

장애 학생들이 소외되지 않고 사회의 일원으로 잘 살아가기 위해서는 교육 기간 중에 어떤 선생님의 지도 아래 얼마나 바르게 성장하느냐가 중요하므로 교사가 먼저 아이들에 대한 선입견을 버리고 존중해 주는 본보기가 되어야 해요. 장애 학생을 사랑하는 마음과 열의를 가지고 좋은 선생님이 될 수 있는지, 또한 장애 학생을 대하는 것이 자신의 성향과 잘 맞는지를 고민하여 특수 교사의 길을 선택하는 것이 중요해요.

Question 학습 효과를 높일 수 있는 비법 한 가지만 알려주세요.

장애 학생들에게는 흥미를 유발하여 학습에 관심을 갖게 하고 재미를 붙여 익히게끔 도와주는 게 중요해요. 그 이후에는 반복 학습을 하도록 지도해야 하고요.

▲ 노래방 이용하기 수업

학습의 흥미를 유발하기 위해서 저는 주로 체험 학습과 시청각 자료를 활용하여 교육해요. 학습 주제도 학생들이 일상생활에서 자주 경험하게 되는 것을 선택하는 편이고요. 예를 들면, 여가 생활에 관한 단원을 수업할 때에는 여행 가방 꾸리기, 여행지 포트폴리오 만들기, 노래방 이용 방법 익혀 직접 이용하기 등이 있지요. 직접 실생활에서 활용할 수 있는 주제를 보고, 듣고, 느끼는 체험 위주의 방식으로 수업을 진행해요. 그럼 학생들의 관심도도 높아지고, 즐겁게 수업에 참여하여 오래 기억에 남을 수 있게 됩니다.

▲ 용인 강남학교 밴드 활동 모습

▲ 용인 강남학교 교사 밴드 단원으로 키보드 연주

학창 시절 독서를 좋아하는 조용한 학생이던 저는 우연한 기회에 주변의 권유로 일반 대학 대신 국군간호사관학교에 입학하고 간호 장교의 길을 걷게 되었습니다. 육군 소위로 임관 후 국군일동병원과 국군수도병원에서 간호 장교로 재직하였고, 제대 후 임용 고시를 통하여 2000년 경기도 중등 공립 보건 교사로 발령을 받게 되었습니다. 경기도 고양시에서 교직 생활을 시작한 후 현재는 용인시에서 보건 교사로 재직하고 있습니다.

따스한 보건실 환경을 만들어 학생들의 눈에 보이는 상처뿐만 아니라 마음의 상처까지도 치유할 수 있도록 애쓰고 있으며, 건강에 관한 롤 모델이 되고자 건강한 육체와 정신을 소유할 수 있도록 노력하고 있습니다.

그밖에도 올바른 건강 정보를 전달하여 균형 잡힌 생활 습관을 형성할 수 있도록 보건 교육에 힘쓰고 있으며, 교육의 질을 높이기 위해 교과연구회를 통한 연구 활동을 꾸준히 하며 그 지식을 학교 현장에 적극 활용하고 있습니다.

경기 용인 모현 중학교

원정남 **보건 교사**

- 현) 모현 중학교 보건 교사
- 1999년 국군수도병원 외과 간호 장교
- 1995년 국군일동병원 간호 장교
- 국군간호사관학교 졸업

교사의 스케줄

원정남
교사의
하루

23:00 ~ 06:30
▸ 수면

07:00 ~ 08:30
▸ 출근 준비 및 아침 식사

08:30 ~ 09:00
▸ 출근 및 보건실 정비
09:00 ~ 12:40
▸ 보건실 방문 학생 대상 응급 처치 및 보건 교육

12:40 ~ 13:20
▸ 점심 식사
13:20 ~ 16:40
▸ 보건실 방문 학생 대상 응급 처치 및 보건 교육

17:00 ~ 19:00
▸ 퇴근 및 저녁 식사
19:00 ~ 22:00
▸ 집안일

22:00 ~ 23:00
▸ 가족과의 시간, 휴식

▲ 초등학교 졸업식 날 5학년 대표로 선배들에게 송사를 읽어 주는 모습

▲ 중학교 시절 가정 실습 후 가정 선생님과 한 컷

▲ 고등학교 수학여행 단체 사진(오른쪽 뒤에서 두 번째 노란색 옷)

Question 초등학교 시절에는 어떤 학생이었나요?

내성적인 학생이었습니다. 5학년 담임 선생님께서 학생들에게 별명을 하나씩 지어 주셨는데 그때 제 별명이 '잠자는 인형'이었으니 얼마나 조용한 아이였는지 짐작가시죠? 책 읽는 것을 좋아하고 주변의 기대에 부응하는 착실한 아이가 되려고 노력하는 학생이었습니다.

Question 중고등학교 시절에는 어떤 학생이었나요?

중학교 시절에는 시골 학교이지만 전교 1등을 목표로 열심히 공부하는 학생이었습니다. 특히, 중학교 3학년 때 수학반에 들어가서 어려운 수학 공부도 하고, 수학 경시대회 등에서 수상도 하였으며, 학교 임원으로 활동하며 적극적으로 보냈습니다.

고등학교 시절에는 도시로 유학을 왔는데, 그곳에서도 원하는 대학을 목표로 열심히 공부하였고 특히 수학에 욕심을 내고 시간투자를 하여 이과 수학은 잘 해낼 수 있었습니다. 그러나 영어 과목은 시간 배분에 실패한 탓인지 모의고사 점수가 만족하게 나온 적이 없어서 속 상해하곤 하였던 기억이 납니다.

Question 학창 시절 어떤 성격이고, 어떤 분야에 흥미가 있었나요?

내성적인 성격이었으나 다양한 분야에 흥미를 가지고 독서를 열심히 하였습니다. 고고학 분야에 관심이 많아서 각종 유적과 유물을 스크랩하고 백과사전을 뒤져서 나만의 문화재 사전을 만들기도 하였고, 책을 한 권 읽을 때마다 독후감을 쓰고 독후감 노트로 만들어 모아 붙여서 책으로 엮었던 기억도 있습니다. 공상 과학, 추리 소설, 톨스토이의 명작 소설류 등에 심취하였던 기억이 나고요. 책을 읽고 알게 된 것들을 그냥 두지 않고 퀴즈책으로 만들어서 가지고 다녔던 적도 있습니다. 책을 읽을 때 세계지도를 보면서 책의 배경이 되는 나라나 작가에 대해 꼼꼼히 찾아보기도 하였고요. 처음 대하는 단어나 생소한 사실들에 대해 국어사전이나 백과사전을 뒤져서 더 자세히 알게 되었을 때 기분이 좋았어요.

Question 학창 시절 장래 희망은 무엇이었나요?

장래 희망은 고고학자, 교사, 간호사 등 여러 가지여서 선택하는 데 고민을 한 적도 있습니다. 그러다 플로렌스 나이팅게일의 전기를 인상 깊게 읽은 적이 있었는데, 그 후 간호사가 되고 싶다는 생각을 하였습니다.

Question 학창 시절 롤 모델은 누구인가요?

플로렌스 나이팅게일과 좀 엉뚱하지만 당시 영국 황태자와 결혼했던, 지금은 고인이 된 다이애너 비였습니다.

나이팅게일은 직업 의식면에서 본받고 싶었고, 다이애너 비는 그녀의 맑고 우아한 자태를 부러워하고 닮고 싶어 했던 것 같습니다.

Question 국군간호사관학교에 입학한 계기는 무엇인가요?

고등학교 시절 저의 목표는 간호학과에 진학하는 것이었는데, 대학교 진학을 고민하던 시기인 고등학교 3학년 때 담임 선생님과 부모님께서 일반 대학의 간호학과보다는 국군간호사관학교로 입학을 권유하신 것이 계기가 되었습니다.

▲ 임관식 때 아버지와 함께

▲ 대위 시절 간호병과 50주년 기념책의 모델 활동

▲ 소위 시절 병동 환자들과 함께

Question 국군간호사관학교 생도 시절에는 어떤 학생이었나요?

생도 시절에는 초중고 시절처럼 진지하게 공부를 열심히 하는 학생이라기보다는 그동안 못 해 봤던 다양한 분야의 활동을 하는 학생이었습니다. 특히 사진반 활동을 통하여 축제 때에는 작품 출품 및 전시회를 하기도 하였습니다. 외부 대학들과 연합한 독서 토론 동아리 활동을 통하여 사관생도뿐만 아니라 다양한 분야의 사람들과 소통하고, 방학 때에는 사진반 MT 활동을 하며 여행 사진을 찍으려고 노력하였습니다. 사진 관련 전문 잡지도 정기 구독하면서 사진에 심취했었고, 학과 성적도 국가 고시를 무난히 패스할 정도로는 유지하였습니다.

▲ 국군간호사관학교 2학년 가관식 때 모습

Question 국군간호사관학교에서는 어떤 것들을 배우나요?

국군간호사관학교에서는 정예 간호 장교 양성이라는 교육 목표하에 일반 대학의 커리큘럼보다는 훨씬 많은 것들을 배우게 됩니다. 일단 학부 과정에 꼭 필요한 교양 과목을 이수하여야 하고요, 간호사가 되는 데 필요한 기초의학, 전공간호학, 간호학 임상 실습(군병원 실습, 일반 병원 실습)을 이수하게 됩니다. 여기에 방학 기간 중 한 달을 투자하여 군사 학기를 보내며 군사학 과목의 학점을 이수하여야 하는데, 각개 전투, 유격, 화생방, 공수, 사격 훈련 등 단계별 군사 훈련과 장교로서 갖추어야 할 정신 소양을 위한 훈육, 영어·인성·가치관 교육, 지휘 근무 활동, 봉사활동 등을 합니다. 졸업 시 대한민국 소위로 임관하며 동시에 간호사 면허증과 보건 교사 2급 정교사 자격증도 취득하게 됩니다.

Question 국군간호사관학교에서 생활하면서 어려운 점은 없었나요?

처음 가족과 떨어져 낯선 환경을 접했을 때 외롭고 힘들었습니다. 학교 교칙도 너무 까다롭고, 군인 정신을 요구하는 선배들에게 느끼는 압박도 아주 컸던 것 같습니다. 또한 국군간호사관학교에 입학했다는 그 자체가 이미 졸업 후 진로가 정해져 있는 셈이었으므로 무엇인가 새로운 것을 찾아서 공부하거나 자기 계발을 해야겠다는 동기 유발이 되지 않았던 점이 어려웠습니다.

Question 졸업 후 간호 장교 시절에 대한 이야기를 들려주세요.

소위로 임관하고, 육해공군의 정해진 임지로 발령을 받으면 소속 병원이나 군부대의 휘하 장교로서 맡은 역할을 하게 됩니다.

▲ 소위 시절 병동 위생병들과 함께

저는 경기도 포천 일동에 소재하는 국군일동병원의 내과 간호 장교 소위로 배치받아 일하였습니다. 장교 생활은 사관생도 생활보다 더 많은 자율과 그보다 더 많은 책임이 주어지게 됩니다. 일단 한 사람의 성인으로서 주어지는 자율성이 너무 좋았고, 무엇보다도 한 사람의 직업인으로 월급도 받고 자신의 생을 꾸려나갈 수 있다는 게 너무 좋았습니다. 동기 2명과 함께 임관하여 총 3명의 신임 소위가 즐겁고 의미있게 병원 생활을 하였으며, 2년의 근무 후에 국군수도병원으로 이동 배치되어 중위와 대위 시절에는 중환자실과 수술실 간호 장교로 일하였습니다.

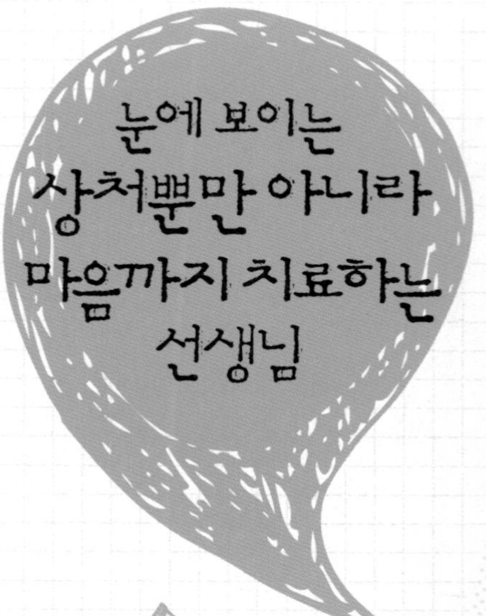

▲ 학교 축제에 참관하여 한 컷

▲ 보건 체험 행사 중 선생님들과

▲ 교직원들과 겨울 방학 연수를 마치며

Question 간호 장교에서 보건 교사로 직업을 바꾼 이유는 무엇인가요?

장교 생활은 2년에 한 번 전후방을 교대로 근무지가 바뀌게 됩니다. 대위 시절에 결혼과 출산을 하게 되었고, 자녀 양육 등에 힘든 점이 있어 간호 장교에서 보건 교사로 직업을 바꾸게 되었습니다.

Question 보건 교사가 되기 위해 어떤 노력을 기울였나요?

간호 장교에서 제대를 결심하고 제대를 앞둔 몇 달 전부터는 군병원 생활과 임용 고시 준비를 병행하였습니다. 노량진 고시촌에 학원을 등록하고 다소 생소한 분야인 교육학부터 수강을 하였습니다. 전역 후 임용 고시일까지 도서관에 다니면서 시험 준비를 하였습니다. 무엇보다 고시 합격이 쉬운 일은 아니었으므로 끊임없이 '나는 합격할 수 있다.'는 긍정적인 생각으로 마음을 다졌으며, 주변 사람들에게도 알리고 마음속으로 합격을 기원해 달라고 부탁하였습니다. 저의 이런 생각과 행동들이 제가 합격할 수 있도록 이끌어 주었다고 생각합니다.

Question 첫 발령지에 대한 추억을 말씀해 주세요.

첫 발령지는 고양시에 위치한 중학교였습니다. 그곳에서 고양시 보건 교사로서는 거의 최초로 보건 시범 수업을 하게 되었는데, 보건 교과가 없던 시절인지라 다른 연구부 선생님의 도움을 받아서 '양성평등'을 주제로 시범 수업을 진행했던 것이 생각납니다.

학생들에게 그룹을 나누어서 양성평등에 관한 담론들을 다양한 방법으로 표현하게끔 이끌어 내었던 수업이었으며, 고양시뿐만 아니라 인근 지역의 보건 선생님들도 다수 수업에 참관하시고 호평을 해 주셔서 아주 의미 있었던 기억이 납니다.

Question 보건 교사가 갖추어야 할 자질은 무엇인가요?

몸과 마음이 아픈 학생들을 치료하고 그들의 편에서 공감하며 도움을 주기 위해서는 끊임없는 열정이 필요합니다. 학생들은 선생님이 자신들에게 사랑과 열정을 가지고 있는지의 여부를 첫눈에 알아보고 그들 또한 마음을 열지 말지를 결정한다고 생각하거든요.

▲ 보건 수업 시간

Question 보건 교사가 되기 위해 어떤 준비를 해야 하나요?

대학 생활 동안 보건 정교사 자격증을 취득하는 것이 가장 중요하다고 생각합니다. 국군간호사관학교는 졸업을 하게 되면 전원에게 보건 정교사 자격증을 주는 것으로 알고 있습니다. 일반 대학의 간호학과는 그 배치 기준에 따라서 조금씩 차이는 있겠으나, 대략 성적이 상위 10% 이내의 학생들에게 교직 이수를 할 수 있는 자격을 주는 것으로 알고 있습니다. 그러므로 보건 교사가 되기 위해서는 일단 열심히 공부하는 것이 가장 중요한 준비라고 생각합니다.

그 다음이 건강인데요, 학생들에게 건강한 삶에 관한 롤 모델이 되는 것도 중요한 역할 중에 하나이므로 학교 구성원 중 그 누구보다도 건강한 육체와 정신을 소유할 수 있어야 한다고 생각합니다.

Question 교사라는 직업의 장점과 단점은 무엇인가요?

장점은 아픈 학생들의 눈에 보이는 외상의 처치뿐만 아니라 마음까지 헤아리며 교감할 수 있다는 점인 듯합니다. 이럴 때 진정한 보건 교사라는 직업인으로서의 보람도 느끼거든요. 단점은 학교 현장의 환경이나 시설 관리 등의 특정 행정 업무가 단지 건강과 관련 있다는 이유로 보건실 업무로 주어지는 경우가 있다는 점입니다. 이 경우 업무에 관한 구분이 명확하지 않으므로 행정 업무 부서의 직원들과 갈등이 왕왕 발생하곤 합니다.

Question 교직 생활을 하면서 가장 기억에 남는 일은 무엇인가요?

'아이토디'라는 동아리 활동을 지도한 경험이 있는데, 그때 만난 학생들과 지금도 소식을 주고받으며 지내고 있습니다.

그 학생들을 인솔하여 동아리 캠프에 참여했던 것이 가장 기억에 남는데요, 순수한 열정 하나로 좌충우돌했던 시절이었습니다.

▲ 아이토디 동아리 제자와 함께

Question 보건 교사로서 어떨 때 보람을 느끼나요?

응급 상황 시 적절한 대처를 통하여 그 학생이 건강을 회복했을 때입니다.

외과적인 응급 상황 시(예를 들면 충수돌기염의 조기 판단, 복합 골절 시의 적절한 처치 등)에 신속하고 적절한 판단으로 병원에 후송하였을 때나, 위염이나 과민성대장염 증상에 대한 대처법을 교육해 주고 이를 실천하여 그 학생의 증상이 완화되거나 완치된 경우에도 아주 큰 보람을 느끼곤 합니다.

Question 보건 교사로서 전문성을 높이기 위해 어떤 노력을 기울이나요?

역시 10년 가까이 활동해 오고 있는 보건교과연구회 연구위원 활동입니다.

경기도 중등 보건교과연구회에 소속되어 꾸준히 연구위원 및 간사로 활동 중이며, 이 연구회 활동을 통하여 보다 질 좋은 보건 교육 역량을 키우기 위하여 노력하고 있습니다.

Question 보건 교사로서 관심을 갖고 활동하고 있는 분야는 무엇인가요?

학생 보건 교육 분야와 보건교과연구회 활동입니다. 일생 동안의 건강은 바로 청소년 시기의 건강한 생활 습관에서 다져지는 경우가 많습니다. 이러한 생활 습관은 저절로 만들어지는 것이 아니라 체계적인 교육과 이를 실천함으로써 길러지는 것이라고 생각합니다. 그러므로 학생 보건 교육과 건강 생활 습관의 실천이라는 주제에 관한 연구 활동에 가장 관심을 가지고 활동하고 있습니다.

▲ 교과연구회 세미나 후 기념 촬영

Question 보건 교사를 꿈꾸는 청소년들에게 조언을 해 주신다면요?

일단 일정 수준 이상의 성적을 유지하는 것이 좋다고 생각합니다. 간호사와 동시에 교사의 소양을 갖추어야 하므로 전공 공부와 함께 교육학에 대한 소양도 중요합니다. 그러므로 무엇보다 스스로 계획하여 공부하고, 미래를 준비하는 습관을 키워 두는 것이 좋을 듯합니다.

그리고 보건 교사는 학생과 교직원들에게 건강한 삶을 전파해야 하는 입장이므로 건강한 육체와 정신의 소유자로 자랄 수 있도록 부단히 노력해야 하지 않을까 생각합니다.

Question 보건 교사로서 앞으로 목표가 있다면 무엇인가요?

현재 '두루별이'라는 봉사 활동 동아리에서 학생 지도를 하고 있는데요, 이 동아리 활동을 학생들 스스로 기획하고 수행하는 체계적이고 성숙한 동아리로 만드는 것이 첫 번째 목표이고요. 또 학생들에게 공감이 가는 보건 교육을 하기 위해서는 무엇보다도 보건 교사 스스로가 건강해야 한다고 생각합니다. 그러므로 아프지 않고 건강하게 보건 교사 생활을 하는 것이 두 번째 목표입니다. 마지막으로 여건이 허락된다면 어학 공부를 조금 더 하고 싶다는 목표를 가지고 있습니다.

Question 정년퇴직 이후에 대한 계획이 있나요?

지금 청소년 자원봉사 동아리 활동을 지도하고 있습니다. 퇴직 후에도 청소년 자원봉사 단체에 몸담으며 재능 기부 방식으로 활동할 계획을 하고 있습니다. 또한 이 동아리 활동이 해외 봉사 활동 단체들과도 연계되어 소외 지역의 청소년들과도 함께할 수 있는 기반을 만들어 보고 싶습니다.

Question 미래를 꿈꾸는 대한민국의 청소년들에게 한 말씀해 주세요.

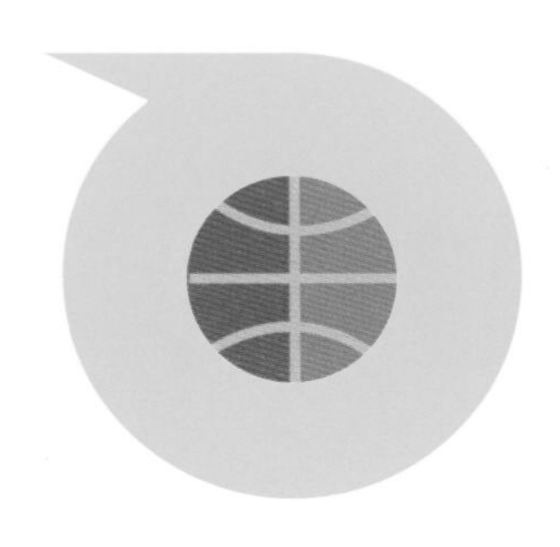

미래에 이루고자 하는 꿈을 가능한 한 구체화하고 그 꿈에 다가갈 수 있도록 실천하는 청소년이 되었으면 합니다. 가장 최상위 단계의 꿈을 정하고 그 꿈을 달성하기 위해 필요한 세부적인 항목들을 하나하나 실행해 나가다 보면, 내가 알지도 못하는 사이에 그 꿈에 다가서 있는 나를 발견할 수 있을 것입니다.

그리고 '몸과 마음이 건강한 어른'이 되기 위해 노력해 주세요. 그러기 위해서는 '지금의 나는 과연 몸과 마음이 건강한가?'라는 자문을 해 보고, 긍정적인 답이 나올 수 있도록 노력한다면 좋겠지요?

Question 건강을 지키는 비법 한 가지만 알려 주세요

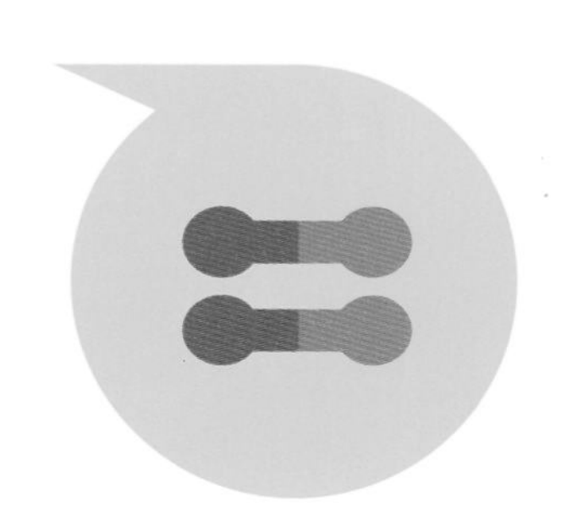

눈의 건강을 지키는 비법인데요. 우리는 의외로 몸, 얼굴, 치아 등은 매일 매일 씻으면서 눈까지 깨끗이 씻어 낼 생각은 못하는 것 같습니다. 잠들기 전 소금물 또는 시판용 세척 전용 안약을 이용하여 눈을 반드시 씻어 내고, 속눈썹 부위를 면봉으로 스케일링 하듯이 깨끗이 닦아 내고 잠드는 것입니다. 눈병도 예방되고 무엇보다 맑고 건강한 눈을 가질 수 있습니다. 실천해 보고 다른 사람들에게도 권유하기 바랍니다.

Question 일상생활에서 지켜야 할 건강 수칙에 대해 알려 주세요.

일단 세상의 모든 것들은 그들만이 가지는 순환 주기(리듬)가 있답니다. 그러므로 건강하기 위해서는 내 몸의 리듬이 바르게 유지되도록 조절하는 것이 관건인데요. 일상생활에서 이 리듬이 깨지지 않도록 노력해야 할 많은 것들이 모두 건강 수칙이 될 수 있습니다. 예를 들면, 피곤하고 머리가 아프다면 내 몸이 편안하게 쉴 수 있도록 충분한 이완(반신욕)과 휴식(조금 일찍 잠든다)을 실천하는 것이 중요합니다. 이렇듯 내 몸의 리듬을 지키기 위해 필요한 모든 것들이 건강 수칙이 된다는 것을 명심하고, 아는 것보다 더욱 중요한 것은 이를 실행에 옮기는 것입니다. 따라서 일상생활에서 지켜야 할 건강 수칙은 '내 몸의 리듬을 일정하게 유지할 수 있는 방법을 알고, 이를 반드시 실천하는 것'입니다.

고등학교 시절에 본 '죽은 시인의 사회'라는 영화는 제가 교사가 되는 데 결정적인 역할을 하였습니다. 주인공인 키팅 선생님은 파격적인 수업 방식으로 학생들에게 기성세대가 만들어 놓은 틀에서 벗어나 자신만의 시각을 갖는 법, 자신의 생각을 표현하는 법, 자신의 목소리는 내는 법을 가르쳤고, 학생들은 점점 그의 교육 방식에 동화되며 자아를 찾아간다는 내용이었습니다. 이것은 제 마음을 온통 흔들어 놓았고, '나도 저런 교사가 되어야지.'라는 꿈을 키우게 하였습니다.

오랫동안 기술가정 과목을 지도하였는데, 2011년 일반 과목 교사들을 대상으로 직무 연수를 통해 진로진학상담 교사로 전향할 수 있는 기회가 생겼고, 그때 진로진학상담 교사가 되었습니다.

앞으로 무엇을 하며, 어떻게 살아가야 할지를 몰라 힘들어 하는 학생들에게 자신이 원하는 삶을 살 수 있도록 학생들과 같이 고민하고 그들의 삶을 안내하는, 영화 속 키팅 선생님과 같은 교사가 되고자 합니다.

경북 체육 고등학교

이일주 **진로진학상담 교사**

- 현) 경북 체육 고등학교 진로진학상담 교사
- 충남대학교 공과대학 화학공업교육과 졸업

교사의 스케줄

이일주 교사의 **하루**

23:00 ~ 06:00
▸ 수면

06:00 ~ 07:30
▸ 출근 준비 및 아침 식사

07:30 ~ 08:20
▸ 출근 및 수업 준비

08:20 ~ 16:20
▸ 수업, 학생 상담, 진로 업무 처리

16:20 ~ 19:20
▸ 학생 진로 상담

19:20 ~ 22:00
▸ 저녁 식사 및 운동

22:00 ~ 23:00
▸ 휴식

영화 '죽은 시인의 사회'를 보고 선생님을 꿈꾸다

▲ 학생들과 함께

▲ 학생들과 함께

Question 중학교 고등학교 시절에는 어떤 학생이었나요?

중학교 시절 저희 집은 시골이었는데, 학교와의 거리가 4km 정도 되었습니다. 이 거리를 매일 자전거를 타고 다녔어요. 학교에서 돌아오면 집에서는 농사일을 거들어야 했기 때문에 항상 바쁘게 보냈어요. 그때 나이키와 프로스펙스라는 신발 브랜드가 유행했는데, 그런 신발이 가지고 싶었으나 그러지 못할 정도로 넉넉치 않은 가정 형편이었어요.

중학교 3학년 때는 제가 다니던 중학교 근처에서 면사무소에 다니던 누나와 자취를 하며 생활했는데, 그때 누나의 도움을 받아 성적이 많이 향상되었어요. 공부하는 것은 다 때가 있는 것 같더군요. 그때 예습과 복습을 철저히 하게 되면서 성적이 많이 향상되었어요. 물론 요즘도 공부하는 데에는 그 방법이 정석인 거 같고요.

저는 특히 사회와 역사 과목을 좋아해 시험을 치면 100점 맞을 때가 많았습니다. 학교 성적을 올리는데는 그 과목을 좋아하는 것이 제일 좋은 방법인 거 같아요. 좋아하는 과목을 중심으로 하여 학습 효과를 높이려고 남다르게 노력했답니다.

Question 어떤 성격이고, 어떤 분야에 흥미가 있었나요?

생각하고 계획을 하면 바로 실천하는 성격이었고, 인내심이 아주 많았어요. 물론, 이에 따른 장단점도 있겠지요. 역사에 관심이 많아 역사, 사회학 관련 서적과 위인전을 많이 읽으니 자연스럽게 역사 성적이 좋았고, 그 덕분에 역사에 더 관심을 갖게 되었어요. 지금도 역사에 많은 관심을 가지고 있답니다.

Question 중고등학교 시절 가장 감명 깊게 읽었던 책은 무엇인가요?

그리스 로마 신화예요. 신화를 통해 길러진 유럽 사람들의 무한한 상상력이 오늘의 유럽 문화가 탄생한 배경이 되지 않았나 하는 생각이 듭니다. 그렇다면, 많은 정신문화를 가지고 있는 우리도 엄청난 잠재력을 가지고 있는 나라라는 생각을 했어요.

칭기즈칸과 알렉산더 대왕 위인전도 생각나는데, 그때 대륙을 넘나드는 모험심과 진취적 기상을 매우 동경을 했습니다. 특히 대륙을 통일함으로써 두 대륙이 서로 왕래하고 문화적 교류가 가능해졌다는 사실에 놀라움을 금할 수 없었습니다.

Question 중고등학교 시절 장래 희망은 무엇이었나요?

중학교 시절과 고등학교 시절의 꿈은 달랐어요. 중학교 시절에는 우리나라 최초의 육종학자 우장춘 박사의 영향을 많이 받아 육종학자(농작물의 품종을 개량하거나 새로운 품종을 만들어 내는 이론과 방법을 연구하는 학자)를 꿈꾸었어요. 그 꿈은 이루지 못했지만 그때의 영향으로 아파트 베란다에 화초와 작물 키우는 것을 즐깁니다. 하하.

고등학교 시절에는 교사가 되는 것이 꿈이었어요. 교사가 되고자 했던 것은 영화 '죽은 시인의 사회'에서 키팅 선생님의 영향이 컸습니다. 주인공인 키팅 선생님이 제2차 세계대전에 참전하는 것을 거부하는 학생을 끝까지 지켜봐 주고, 지지해 주는 장면에서 큰 감동을 받았습니다. 그 이후 교사가 되어 학생들의 무한한 상상력과 개인의 삶을 존중해 주고 싶어졌어요.

학교의 여건상 학생들의 다양한 생각을 다 들어주고 지지해 주기는 어렵지만, 인격체로서 대해 주려고 노력을 하고 있습니다. 이런 일은 진로진학상담 교사가 잘할 수 있다고 생각합니다.

Question 중고등학교 시절 롤 모델은 누구인가요?

실존 인물은 아닌 것으로 알고 있습니다만, 영화 '죽은 시인의 사회'에 나오는 '키팅 선생님'이었어요. 학생들의 개성을 존중하는 교육을 펼쳐 나가는 그분의 용기에 커다란 감동을 받았고, 그래서 저도 가능한 한 학생들의 생각이나 개성을 존중해 주려고 노력하고 있답니다. 지금도 그 영화를 보면 가슴이 뛴답니다. 그 영화를 볼 때마다 제가 학생들에게 더 해주어야 할 것이 무엇인지 고민하게 됩니다.

Question 학창 시절 활동한 동아리가 있었나요?

중학교 때에는 원예 동아리에서 활동했습니다. 자연과 함께 하는 것을 좋아했고, 또 심리 검사를 해 봐도 자연 친화적인 성향이라는 결과가 나오기도 했어요. 원예 동아리의 주요 활동 장소는 학교 온실이었고 식물들을 살피고 가꾸는 일을 했는데, 식물이 자라는 모습을 보는 것이 매일의 즐거움이었습니다.

고등학교 때에는 역사에 관심이 많아 주로 역사 동아리에서 활동한 기억이 납니다. 특히 임진왜란과 그 당시의 인물인 이순신과 원균의 행동 방식에 관심이 많았습니다. 또한, 전쟁으로 인한 우리나라 백성들의 고단함, 일본의 잔인함, 명나라의 거만함 등 여러 가지를 생각하게 하는 역사의 장면들이 스쳐 지나갑니다. 그때 동아리 활동들이 현재의 진로와는 연결되지 못했지만 분명 삶을 풍요롭게 하는 아주 뜻 깊은 활동이었습니다.

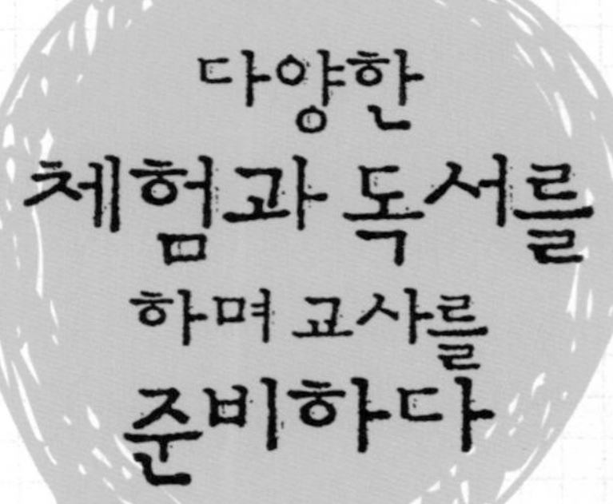

다양한 체험과 독서를 하며 교사를 준비하다

▲ 진로 체험 활동을 마치고

▲ 진로진학상담 교사 워크숍

Question 화학공업교육과를 선택한 이유는 무엇이었나요?

고등학교 3학년 때 담임 선생님이 화학 전공자였는데, 그 당시에는 화학 공업이 유망 분야로 주목받고 있던 시절이라 화학 공업의 전망을 보고 추천해 주셨어요.

Question 대학 시절 어떤 학생이었나요?

대학 시절에는 사회 각 분야와 사회 문제에 관심이 많아 도서관에서 다양한 분야의 책을 많이 읽었어요. 그중 인문학 서적을 많이 읽었는데, 주변에서는 저에게 인문학을 전공했으면 좋았을 것 같다고 말할 정도였어요. 전공인 화학 공업에는 크게 흥미를 느끼지 못했지만 전공 분야에 대한 공부도 최선을 다했습니다.

Question 화학공업교육과에 대해 소개해 주세요.

화학 공업은 현대 기술 문명을 이끌어 온 중요한 학문일 뿐만 아니라 석유화학을 기반으로 하여 신소재와 화학 공정, 생명 공학 그리고 고분자 공학 등 다양한 연관 산업 전반에 걸쳐 필수적인 학문이고, 화학공학교육과는 졸업 후 공업계 고등학교 화공, 섬유 공학 관련 학과의 중등 교사를 양성하기 위한 학과입니다. 물리, 화학, 수학적 소양이 전공을 공부하는 데 유리합니다.

진로진학상담 교사가 되어 학생들의 삶을 안내하다

▲ 진로진학상담 교사 워크숍

▲ 커리어넷 상담위원단 연수

Question 첫 발령지에서의 추억을 말씀해 주세요.

경북 영천에 위치한 아름다운 조그만 시골 중학교였습니다. 학교 앞에는 숲과 개울이 있어 그 아름다움을 더했죠. 첫 출근 때는 가슴이 너무나 뛰었지요. 새로 부임해 온 초임 교사를 바라보는 초롱초롱한 눈망울을 아직도 잊을 수가 없습니다. 학생들과 학부형의 교사에 대한 신뢰는 대단했어요. 그때 학생들에게 최선을 다해야겠다는 마음을 먹었고, 지금도 그 마음은 변함이 없습니다. 그곳에서 군대를 가기 전에 3개월 정도 근무했는데, 기술 과목을 지도했어요. 그때 컴퓨터가 막 보급되기 시작해서 컴퓨터를 지도하기도 했어요. 학교에서 기술 과목을 지도하게 된 건 대학에서 기술 과목을 부전공했거든요. 당시에 경북에 기술 과목의 교사 수가 부족하여 기술 과목으로 발령을 받았어요. 90년대 당시 컴퓨터가 학교 현장에 막 보급되고 있었고, 기술 과목에 컴퓨터 관련 내용이 있었습니다. 학부형과 학생들이 컴퓨터 교육에 대한 요구가 아주 컸던 기억이 납니다. 컴퓨터 동아리를 조직하여 학생들에게 컴퓨터 언어를 지도했었지요.

Question 타 과목 교사가 진로진학상담으로 과목을 변경할 수 있나요?

아직 제도가 확정적이지는 않습니다만 2011년부터 현재 6번에 걸쳐 일반 교과 선생님을 대상으로 과목을 변경하여 선발한 적이 있습니다. 교육부에서는 앞으로 진로 진학을 전담하던 교사가 퇴직하는 것을 대비하여 충원하기 위해 일반 교사를 전과시키는 계획을 수립하고 있는 것 같습니다.

Question 진로진학상담으로 담당 과목을 변경하게 된 계기는 무엇인가요?

기술 교과로는 학생들에게 꿈을 만들어 주기에 한계를 느꼈습니다. 학생들에게 좀 더 구체적으로 진로를 안내할 수 있고 종합 교과 지도의 성격을 가지는 진로진학상담 교사에 큰 매력을 느꼈습니다.

Question 진로진학상담 교사에 대해 소개해 주세요.

예나 지금이나 진로와 진학의 문제는 대학 진학을 앞둔 고등학생들에게 가장 큰 고민거리입니다. 한 개인이 태어나 살아가는 인생은 크고 작은 선택의 연속이며, 어떤 선택을 하느냐에 따라 개인이 느끼는 행복 정도는 달라지지요. 이 선택은 능력을 발휘할 기회, 사회적 지위, 대인 관계, 삶의 만족도, 가치관을 비롯한 생활의 모든 측면에 영향을 주게 됩니다.

진로에 대한 진지한 고민이나 계획 없이 성적에 맞춰 대학에 진학한 학생 중에는 대학에 입학한 후에도 자신의 성격이나 흥미에 맞는 학과를 선택하기 위해 재도전을 하는 학생들이 상당수라고 하네요. 전공이나 학과에 대한 확실한 정보 없이 성적에 맞춰 지원하고, 심지어는 원서 접수 직전에 전공을 선택하기에 벌어지는 일이지요. 이러한 일들을 미연에 방지하기 위해 고등학교 때에 충분히 진로와 진학에 대해 고민하고 결정할 수 있도록 돕는 것이 진로진학상담 교사들의 역할입니다.

Question 진로진학상담 교사는 학교에서 어떤 업무를 담당하나요?

진로진학상담 부장으로서 학교의 진로 교육을 총괄하기 위해 학교 진로 교육 과정 운영 계획 수립 및 프로그램 운영, 진로와 직업 교과 수업, 진로 관련 창의적 체험 활동 지도, 진로 진학 관련 학생 상담, 학생들의 진로 포트폴리오 지도, 학생들의 진로 직업 관련 심리 검사의 진행 및 활용, 교내외 진로 교육 관련 각종 체험 활동 운영, 교직원과 학부모를 대상으로 하는 진로 교육 연수 및 상담, 입학 사정관 전형 지원, 대학 학과 안내 및 상담, 취업 희망 학생 지원 등의 업무를 담당합니다.

Question 진로진학상담 교사가 된 이후 관심 있는 분야는 무엇인가요?

교내외 진로 교육 관련 각종 체험 활동의 기획과 운영, 입학 사정관 전형 지원, 진로 진학 관련 학생 상담 및 지도, 대학 학과 안내 및 상담 등의 일에 집중하고 있어요.

Question 진로진학상담 교사로서 가장 힘든 일은 무엇인가요?

학생의 적성이나 흥미 등의 특성이 아닌 성적에 따라 지원 대학과 전공을 결정하는 학생들을 진로 지도하는 것이 어렵습니다. 성적을 높여서 상위 대학에 진학하려는 근본적 이유는 소위 우리 사회의 '좋은 직장'에 진입하기 위해서라고 생각합니다. '명문 대학 졸업 → 전문직 또는 안정된 직장에 취업' 이것이 대부분의 학부모가 생각하는 진로 로드맵이지요. 부모는 그것이 내 아이의 행복한 삶의 기초가 될 것이라고 믿고, 학생들 또한 그러한 부모들의 희망에 부응하려고 맹목적으로 따라갑니다. 그래서 요즘 학생들이 희망하는 직업들을 살펴보면, 특정 직업군에 몰려 있어서 진로진학상담 교사의 역할이 무색할 정도입니다.

Question

진로를 올바르게 선택하기 위해 중요한 점은 무엇일까요?

평소에 자신이 잘하는 과목, 좋아하는 일, 자신의 가치관 등 자신에 대해 관찰하여 파악하는 것이 중요합니다. 그 다음 가치관 검사 및 흥미 검사 등의 검사를 통해 자신을 좀 더 객관적으로 파악하고, 자신이 관심 있는 직업에 대해 잘 알아본 후에 결정하는 것이 중요합니다.

특정 영역(학업, 업무 등)에서 능력을 발휘하는 잠재적인 가능성을 말하는 적성과 직업의 선택, 직업의 지속, 직업 세계의 만족감, 직업에서의 성공 등과 밀접히 관련되어 있는 직업 흥미를 진로를 선택하는 대표적인 잣대로 생각해 온 경향이 있으나, 오히려 가치관이 적성이나 흥미보다 더 근원적인 의미를 가지며 개인의 진로 선택과 밀접한 관련성을 가지기 때문에 아주 중요한 요소라고 할 수 있습니다.

Question

교사의 가장 중요한 자질은 무엇이라고 생각하나요?

학생들 하나하나가 잘될 수 있다는 신념을 가지고 긍정적인 시선으로 바라보고, 신뢰할 수 있는 마음 자세를 갖는 것이 중요해요. 그리고 전공에 대한 전문 지식을 잘 갖추는 것이 중요하다고 봅니다.

Question

교직 생활을 하면서 가장 기억에 남는 일은 무엇인가요?

학교 내 야영 활동을 하는데 보니 대인 관계 능력이 부족한 학생이 있었어요. 자신의 생각이나 의견을 표현하는 능력과 상대방의 생각을 이해하는 능력이 부족하여 친구들과 잘 어울리지 못하더라고요. 학기 초라 그 친구를 그대로 놔두면 1년 내내 왕따를 당할 것 같아 따로 불러 학교 숙직실에 데리고 가서 상담을 진행한 적이 있었어요. 이야기를 들어 보니 가정 형편도 매우 안 좋은 것 같았어요. 상담 후에 숙직실에 재우고 다음날 야영 활동에 합류시켰는데, 상담 덕분이었는지 학생들 사이에서 잘 적응했던 기억이 납니다.

Question 현재 교직 생활에서 가장 관심 있는 분야는 무엇인가요?

앞으로 무엇을 하며, 어떻게 살아가야 할지를 모르는 학생들에게 어떻게 하면 자신이 진정으로 원하는 삶을 살게 할까에 대해 고민하고 있고 관심이 많답니다. 특히, 심리 검사나 생활기록부 파악하기, 진로에 대한 다양한 정보 등을 수집하고, 학생들의 특장점을 최대한 살려 미래의 유망 직종에 다가갈 수 있도록 하는 진로 교육에 많은 관심을 가지고 있습니다.

Question 교사가 되기 위해서 어떤 준비를 해야 하나요?

우선 교사가 되기 위해서는 교육 관련 학과에 진학할 수 있는 성적이 되도록 노력이 필요하겠지요?

그리고 사람을 존중하는 마음, 다양한 사람들을 이해할 수 있는 마음, 학생들의 문제를 외면하지 않고 적극적으로 관심을 갖고자 하는 마음이 필요합니다.

또한, 현재의 주입식 강의 수업보다 학생들의 다양한 잠재력을 이끌어 낼 수 있는 효과적인 수업 방법에 대해 끊임없이 고민을 해야 합니다. 현재의 암기식 교육 방법만으로는 절대적으로 창의적인 생각이 필요한 미래 사회를 살아가는 데는 역부족이라고 보기 때문입니다.

Question 교사로서 전문성을 높이기 위해 어떤 노력을 기울였나요?

진로 심리 검사의 해석 방법, 꿈이 없는 학생들의 동기를 유발시키는 방법, 학생들의 역량을 신장시키는 방법, 인성을 강화시키는 방법과 진학 정보를 위한 대학교 방문, 진학 진로 도서 제작, 미래 사회 변화를 예측하기 위한 미래 기술 발전 동향에 대한 연구 등에 관심을 가지고 다양한 매체를 통해 정보를 수집·정리하거나 관련 연수에 참여하고 있습니다.

Question 교사라는 직업의 장점과 단점을 말씀해 주세요

인간의 삶을 긍정적인 방향으로 변화시킬 수 있다는 것과 가진 지식을 나눌 수 있다는 것, 그리고 다른 직업에 비해 사회적인 신뢰성, 안정성, 보람, 시간적 여유가 있다는 것이 커다란 매력입니다.

반면, 학생들에게 모범적인 모습을 보여 주기 위해 행동의 제약을 받는다던지, 큰돈을 벌 수 있는 직업이 아니라는 점은 단점인 것 같아요. 하하.

Question 교사로서 어떨 때 가장 큰 보람을 느꼈나요?

학생들이 하는 진로 심리 검사나 생활기록부를 통한 학생의 특성 파악, 학생의 성적 등을 바탕으로 하여 진로 진학 상담을 하고 난 후에 자신에게 적합한 진로를 찾아가는 학생들을 보면 큰 보람을 느낍니다. 특히 학생 자신이나 학부모가 발견하지 못한 특성이나 장점을 찾아 주었을 때에는 교사로서 더욱 보람을 느낍니다.

Question 미래를 꿈꾸는 대한민국의 청소년들에게 한 말씀해 주세요.

누구나 성공을 이루기 전에 수많은 패배와 실패를 겪는다고 합니다. 실패가 찾아왔을 때 가장 논리적이고도 쉽게 취할 수 있는 조치는 포기이고, 대다수의 사람들이 그렇게 한다고 합니다. 그것이 대다수의 사람들이 평범한 사람으로 남는 이유라고 합니다. 그러니 실패하더라도 자신의 꿈을 이루기 위하여 결코 포기하지 않는 사람들이 되었으면 합니다.

Question 앞으로의 목표에 대해 말씀해 주세요.

학생들의 진로에 직접적인 도움을 줄 수 있는 진로 교사가 되었으면 합니다. 그렇게 하기 위해 전문성을 높이고, 학생들에게 가까이 다가가 올바른 진로를 안내해 주는 역할을 하고 싶군요.

Question 교사라는 직업을 꿈꾸는 청소년들에게 한 말씀해 주세요.

무엇보다 스스로 계획하여 공부하고 미래를 준비하는 습관을 키우면 좋을 듯합니다. 더불어 다른 사람의 인생을 사랑할 수 있는 사람이 되었으면 합니다. 배운 지식을 기꺼이 나눌 수 있는 사람, 다른 사람에게 할 수 있다는 자신감을 주고 끝까지 지지해 줄 수 있는 사람이 교사가 되었으면 하는 바람입니다.

Question 교직 생활을 마친 이후 어떤 계획을 가지고 계신가요?

그동안의 경험을 바탕으로 학생의 진로진학상담 관련 자원봉사를 하고 싶습니다. 자원봉사센터에서 학생들의 역량 개발을 위한 토론 동아리 지도에 특별히 관심을 가지고 있습니다.

Question 학습 효과를 높일 수 있는 비법 한 가지만 알려주세요.

유대인의 공부 방법인 하브루타를 소개하고자 합니다. 하브루타의 기본 원리는 친구와 함께 공부를 하면서 학생들이 사물에 대해 자신의 견해를 분명히 하고 새로운 내용을 더 알아가는 것으로, 친구에게서 배우는가 하면 친구를 가르치기도 하는 공부 방법입니다.

두 사람이 함께 앉아서 본문을 큰소리로 읽고 그것에 대해 토론하고 분석합니다. 또 다른 본문과의 관계를 살피고, 관련된 정보를 찾아보고 자신들의 삶과 관련지어 생각해 보기도 합니다. 이해가 되지 않을 때는 차근차근 설명하는 방법으로 완전 학습을 하는 데 아주 좋은 방법입니다.

96.
DNA RNA
97.
Pancreas
Gland Sec
100.Human
Chromosome
(Female)
SCIENTIFIC CALCULATOR

어린 시절 농촌에서 자란 저는 교사라는 직업이 근사해 보였고, 그때부터 제 꿈은 교사가 되었습니다. 그러던 중 고등학교 3학년 때 고전문학의 매력에 빠지며 국어 교사가 되기로 결심하고 국어국문학과에 진학하였습니다.

첫 근무지가 여자 중학교였는데, 학생들이 제 딸과 같다는 생각이 들어서 열과 성의를 다해 지도하였던 것이 아직도 기억에 남습니다.

평교사로 지내면서 관리직인 교감·교장이 되기 위해 준비를 하던 중 2012년에 수석 교사 제도가 생겨 지원을 하였고, 선발되어 현재까지 수석 교사로 지내고 있습니다. 수석 교사는 공개 수업을 상시 운영하며, 수업 컨설팅을 실시해서 동료 교사의 전문성 향상에 기여해야 합니다.

저는 이런 수업을 통해 동료 교사들에게 학생들이 공부를 즐거운 마음으로 할 수 있다는 것을 알려주고, 교사로서의 보람을 느끼게 하고 싶습니다.

경기 성남 한솔 고등학교

김지태 수석 교사

- 현) 성남 한솔 고등학교 수석 교사
- 중등학교 수석 교사 자격증 취득
- 〈공간 시대와 문학〉 1999년 봄호 시 부분 신인 추천으로 등단
- 어린이집원장 자격증, 행정사 자격증, 전문상담교사 1급 자격증 취득
- 단국대학교 교육대학원 국어교육학 석사
- 숭실대학교 인문대학 국어국문학과 졸업

교사의 스케줄

김지태 교사의 **하루**

22:00 ~ 23:00
▸ 가족과의 시간
23:30 ~ 06:00
▸ 수면

07:00 ~ 08:30
▸ 출근 준비 및 아침 식사

08:30 ~ 09:00
▸ 수업 준비
09:00 ~ 12:00
▸ 한 학급 2시간 블록 수업

12:00 ~ 13:00
▸ 점심 식사
13:00 ~ 16:50
▸ 동료 교사 수업 참관 및 컨설팅 활동

16:50 ~ 17:10
▸ 수석 교사실 및 교실 청소
17:10 ~ 18:10
▸ 퇴근 및 저녁 식사

18:10 ~ 22:00
▸ 학교에 있을 경우 수업 준비, 학생 상담
퇴근했을 경우 운동 및 휴식

▲ 고등학교 졸업 사진

▲ 고등학교 시절 수업 모습

▲ 고등학교 시절 도덕재무장(MRI) 동아리 활동 지도 교사와 함께

Question 학창 시절에는 어떤 학생이었나요?

학교에서 정한 규칙대로 행동하려고 노력하는 모범생이었습니다. 전 그렇게 하는 것이 오히려 편하고 좋았습니다. 하하.

Question 학창 시절에는 어떤 분야에 흥미가 있었나요?

도서관에서 아주 오래된 책을 읽는 것이 좋았습니다. 그러던 중 여행가 김찬삼 씨가 저술한 〈김찬삼의 세계여행〉이라는 책을 읽고 여행에 흥미를 느꼈습니다. 그래서 다른 나라를 여행하는 꿈을 꾸면서 관련된 분야의 정보를 탐색하고 자료를 모았습니다.

Question 학창 시절 감명 깊게 읽었던 책은 무엇인가요?

가장 감명 깊게 읽었던 책은 〈보물섬〉입니다. 보물섬은 우리와 다른 문화적 배경의 소설이라 소설에 나오는 생소한 사물들 하나하나가 무엇인지 궁금했습니다. 특히 처음 부분에 나오는 선장이 마신 술인 럼주는 어떤 맛인지 지금도 궁금합니다. 궁금함은 결국 내용으로 연결되어 소설을 몇 번이고 읽고 또 읽으면서 다른 나라를 여행하고 싶은 마음을 갖게 했습니다.

당시 삼중당 문고라는 출판사에서 저렴한 가격으로 다양한 분야의 책을 출판해서 여러 책을 읽을 수 있었습니다.

Question 학창 시절 장래 희망은 무엇이었나요?

초등학교는 시골의 분교에 다녔습니다. 농촌에서 접할 수 있는 근사한 직업은 드물었는데, 그중 하나가 교사였습니다. 그래서 어렸을 때 교사가 되려는 꿈을 가졌습니다. 그리고 그 꿈은 한 번도 바뀐 적이 없었습니다.

Question 학창 시절 롤 모델은 누구인가요?

초등학교 5, 6학년 때 이정호 담임 선생님이 롤 모델이었습니다. 담임 선생님은 학생들에게 칭찬을 많이 해 주셨고, 방학 때 편지를 보내면 답장을 써 주셔서 늘 감사했습니다. 그래서 선생님이 되면 학생들의 행동에 피드백을 잘해 주는 친절한 선생님이 되리라는 다짐을 하곤 했습니다.

Question 대학교 때 전공은 무엇이었나요?

중학교에 입학하면서 흥미를 느낀 과목은 사회였습니다. 그중에서도 지리 영역에 호기심을 갖게 되었습니다. 그러던 중 고등학교 3학년 때 고전문학을 만났습니다. 훈민정음, 용비어천가 등을 언어학적으로 해석하는 수업이었는데, 매우 재미있어서 그 시간을 기다릴 정도였습니다. 그래서 대학의 전공을 선택하는 순간에는 사학과와 국문학과 사이에서 갈등을 하였지만, 결국 국어국문학과에 지원하게 되었습니다. 고등학교 3학년 국어 수업이 대학의 전공을 선택하는 데 큰 영향을 끼쳤던 것입니다.

문학소년, 국어 선생님이 되기로 결심하다

▲ 대학교 졸업 사진

▲ 숭실대학교 개교 기념 폭소 콘테스트 참가 모습

▲ 대학 시절 기독교 동아리(IVF)에서 발간한 서적 전시회 활동 모습

▲ 대학 시절 아마추어무선 동아리 활동 모습

Question 국어국문학과에서는 어떤 것들을 배우나요?

국어국문과에서는 크게 고전 문학, 현대 문학, 국어학(언어학) 3부분에 대해 배우게 됩니다. 1학년 때는 전공 글쓰기, 현대 문학의 이해, 문학, 국어 연구의 기초, 전공 한문의 기초 등을, 2학년 때는 국어 문법론, 국어 음운론, 현대 시론, 문학놀이 상상력, 구비 문학의 이해, 현대 소설론, 전통 시가론, 중세어 자료와 해석, 문장 구성의 원리 등을, 3학년 때는 문예사조론, 한국문학사, 고전소설론, 국어의 역사, 현대 문학 비평과 실제, 시조 가사론, 작가 작품론, 국어 의미론, 국어와 인지 정보, 현대 문학사 등을, 4학년 때는 현대 명문 읽기, 국어학 방법론, 한국 문학과 세계 문학, 고전 텍스트의 응용, 현대 소설 강독, 담화와 텍스트, 현대 희곡과 시나리오, 고전 문헌 해독 등을 배웁니다.

대학교 과정에서는 이 3부분을 모두 배우게 되고, 대학원에 진학하면 그중에서 세부 전공을 정해 더 깊이 있게 배우게 됩니다.

Question 대학 생활에서 가장 중요하게 생각한 것은 무엇이었나요?

시간을 헛되이 보내지 않고, 주어진 시간을 의미 있게 보내려고 노력했습니다. 학기 중에는 친구들과 공부 모임을 만들어서 논어를 강독했고, 시 또는 수필을 창작하거나 소 논문을 작성한 것을 친구들과 만든 월간 동인지에 실었습니다. 방학 때는 전공 서적에 나오는 시인들의 시가 적혀 있는 시비(詩碑)를 찾아서 전국 일주를 했습니다. 시비가 있는 곳에 도착하여 사진 찍기보다는 탁본을 했습니다.

Question **국어과 교사가 되기로 결심한 이유는 무엇인가요?**

국어과 교사가 된 것도 중요하지만 보다 중요한 것은 교사가 된다는 것이었습니다. 세상에는 많은 교사가 있지만 참 스승이 없다고 말합니다. 참 스승이 되기 위해 교사가 된 순간부터 지금까지 노력하며 또 노력하였습니다.

Question **국어과 교사가 되기 위해 어떤 준비 과정을 거쳤나요?**

국어과 교사가 되기 위해 특별히 준비한 것은 없습니다. 대학교 국어국문학과 교육 과정에 따라 준비를 했습니다. 국어과 교사의 전문성은 교육 과정에 제시된 대로 열심히 공부를 하면 됩니다.

Question **국어과 교사가 되는 데 영향을 미친 것은 무엇인가요?**

국어과 교사가 되려고 준비할 때 중학교와 고등학교 시절의 국어 선생님들을 많이 떠올려 보았습니다. 그중에서 중학교 3학년 때 박쌍문 선생님을 잊을 수 없었습니다. 수업 중간 중간에 삶에 대한 철학적인 물음과 답변을 하셨던 것이 기억에 남았습니다.

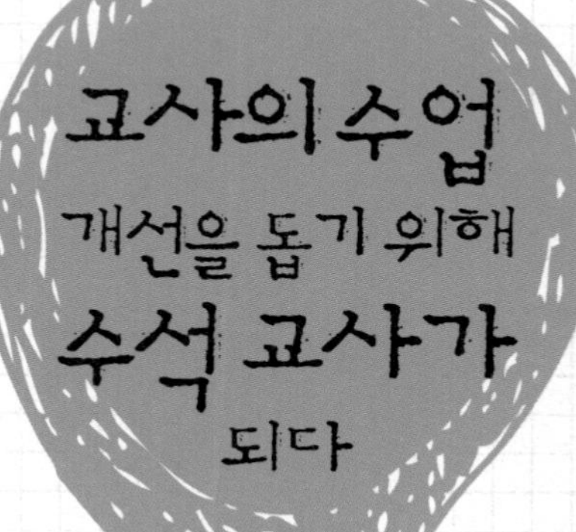

교사의 수업 개선을 돕기 위해 수석 교사가 되다

▲ 2013년 계원예고 국어과 신규 교사 멘토링 연수

▲ 2013년 성남 지역의 수석 교사 대상 연수

▲ 2013년 협동 학습의 기본 강의

▲ 2013년 협력 학습 연구회 최종 연구 보고회 발표

Question 첫 발령지에서의 추억에 대해 말씀해 주세요.

대학교 졸업하자마자 첫 발령받은 곳은 여중이었습니다. 학생들이 저에게는 딸과 같이 생각되어 아빠같이 친절하게 대했습니다. 27살 아빠가 13살 중학교 1학년 딸에게 국어 수업을 한 셈이지요. 가정 방문을 하기 위해 학생과 1시간 동안 걸어갔던 것, 학생의 할아버지와 상담을 한 것 등은 지금도 눈에 선합니다. 한 달에 한 번씩 열었던 생일 축하 파티와 축하 글을 적는 롤링페이퍼 작성하기 이벤트는 한 편의 영화와 같이 지금도 아련히 떠오릅니다.

Question 국어 교사에서 수석 교사가 된 이유는 무엇인가요?

교사를 하면서 관리직인 교감, 교장이 되기 위해 준비를 해 왔습니다. 나이가 들어 기력이 없어지면 전달력도 떨어져 매일 4시간씩 수업하는 것은 무리일 거라는 생각에서였습니다. 2012학년도부터 학교에는 수석 교사라는 제도가 생겼습니다. 수석 교사는 주당 10시간 정도 수업을 하고, 상시 수업을 공개하며 저경력 교사의 수업이 개선될 수 있도록 지원합니다. 수업 시간을 절반으로 줄여 수업할 수 있으며, 다른 교사들을 돕는 일을 할 수 있다기에 주저 않고 지원하게 되었습니다.

Question 수석 교사제란 무엇인가요?

'수석 교사제'란 수업에 전문성이 있는 교사를 수석 교사로 선발해 그 전문성을 다른 교사와 공유하는 교원 자격 체계입니다. 1급 정교사 가운데 교감과 교장을 거쳐 교육 행정 관리 전문가를 선택할 교사(교육행정관료), 학습 전문가를 선택할 교사(현장교육전문가)를 구분해서 교원 자격 체계를 이원화한 것입니다. 즉, 교감·교장은 학교의 관리 및 행정 업무를 맡게 되고, 수석 교사는 수업 및 교사 지도를 담당하게 됩니다. 이는 교사의 전문성을 높임으로써 공교육의 질적 개선을 목적으로 하고 있습니다. 지원 자격은 교육 경력 15년 이상인 교육

공무원(초·중등, 유치원은 공립 교원만 해당)으로 한정되며, 임기는 4년입니다. 재임 기간 동안 매년 업적 평가와 연수 실적 등을 반영해 재심사를 받고, 그 결과에 따라 연임 여부가 결정됩니다. 단, 수석 교사로 선발된 교사는 퇴직 때까지 교육행정관료직(교장·교감·장학사 등)에는 진출이 불가능합니다.

Question 수석 교사는 어떤 업무를 담당하나요?

교내외 참관 교사가 있는 공개 수업을 연중 상시 운영해야 합니다. 또한 교내외 수업 컨설팅을 10회 이상 실시해서 동료 교사의 전문성 향상에 기여해야 합니다. 그리고 교육청 단위 이상의 교수 학습 자료를 연간 10건 이상 개발하여 동료 교사들과 자료를 공유해야 합니다.

Question 수석 교사로서 어떤 목표를 가지고 계신가요?

학생들이 행복해 하는 수업을 하고 싶습니다. 또한 이런 수업을 통해 동료 교사들에게 '학생들이 공부를 기쁘고 즐거운 마음으로 할 수도 있구나.'라는 것을 알려주고, 교사로서의 보람을 느끼게 해 주고 싶습니다.

Question 교사로서 중요한 자질은 무엇이라고 생각하나요?

교사의 가장 중요한 자질로 첫째는 전문성입니다. 둘째는 학생에 대한 관심과 신뢰입니다. 셋째는 학생들을 인격적으로 대하는 것입니다.

Question

교사가 되기 위해서는 어떤 준비를 해야 하나요?

많은 교사들이 주입식 교육 방식을 비난하는데, 막상 교단에 서는 교사 중에는 자신이 비난했던 주입식 수업을 그대로 답습하는 경우를 종종 보게 됩니다. 주입식 수업이 적합하다고 생각한다면 그대로 준비하면 됩니다만, 그것을 비난했다면 대안을 준비하는 노력을 게을리하지 않아야 합니다.

Question

교직 생활을 하면서 기억에 남는 일은 무엇인가요?

기계적으로 지식을 가르친다고 생각하면 교사는 편한 직업일 겁니다. 그러나 절대 그럴 수 없는 직업이므로 교직 생활은 자신과의 싸움의 연속이라고 생각합니다. 저는 무엇보다 정직과 도덕성과의 싸움을 지속적으로 해 왔습니다. 지금은 촌지가 없어졌지만 20년 전만해도 학부모들이 촌지를 주는 경우가 종종 있었습니다. 그래서 3월 개학 첫 시간에 촌지를 받지 않겠다는 내용으로 가정 통신문을 만들어 발송했습니다. '모든 학생들을 공평하게 대할 수 있도록 학교에 방문할 때는 빈손으로 오시기 바랍니다.'라고 적었습니다. 처음에는 음료수를 가져오는 학부모님이 계셔서 종례 시간에 학생들에게 '이 음료수는 누구 어머니가 가정 통신문을 읽어 보지 않으셨는지 가져오셨구나. 우리 같이 나누어 먹자.'라고 하면서 같이 나누어 마시고, 학생들에게 다음부터는 가져오지 않도록 말씀드리라고 했습니다. 그랬더니 다음부터는 다들 빈손으로 학교에 오셨습니다.

Question 교직 생활을 하면서 언제 보람을 느끼나요?

▲ 2002년 경화여중 협동 학습 활동

저는 주로 협동 학습 방식으로 수업을 진행합니다. 협동 학습은 친구들의 공부를 도와주기도 하고, 자신도 도움을 받으면서 학습하는 방법입니다. 매년 9월에서 11월에 실시하는 교사 평가에서 학생들이 협동 학습으로 수업을 한 것에 대해 저의 교육 철학을 바르게 이해하고 감사하다는 글을 남긴 것을 읽었을 때 눈물이 나도록 고마웠고 감동을 받았습니다.

Question 학습 효과를 높일 수 있는 방법을 알려주세요.

학습 효과를 높일 수 있는 방법 중 하나가 자기만의 가치관을 가지는 것입니다. 예를 들어 세상을 살아가는 방법, 사람을 대하는 방법 등이지요. 그러한 가치관을 학습과 연결지어 분석하는 습관을 가지기 바랍니다. 그러면 수업 시간이 훨씬 더 재미있고 의미 있게 다가오고 학습 효과도 더 높아질 것입니다.

Question 교사를 꿈꾸는 청소년들에게 조언을 해 주신다면요?

사람을 가르치는 일은 쉽지 않습니다. 하지만 그 가르침을 통해서 사람을 살리고, 인생관을 긍정적인 방향으로 변화시키는 것은 교사들만이 할 수 있습니다. 가르치는 일을 하기보다 가르침을 통해서 삶을 변화시키는 일을 하고 싶다면 주저 없이 교직에 지원하기 바랍니다.

Question 교사라는 직업의 장점과 단점을 말씀해 주세요.

장점은 사람을 변화시킬 수 있다는 것과 제가 가진 지식을 나눌 수 있다는 것입니다. 사람들은 대부분 스스로를 위해 무언가를 배우곤 합니다. 하지만 교사들은 학생들에게 어떻게 하면 잘 전달하고, 쉽게 알려 줄까를 고민하면서 많이 배우게 됩니다. 이러한 삶의 자세를 갖게 되는 것만으로도 교사는 멋진 직업이라고 생각합니다.

단점은 수많은 학생을 대하고, 똑같은 지식을 반복하여 가르치는 것을 일로만 생각한다면 매력이 없는 직업이라고 생각합니다. 학생들의 인격을 존중하고, 내가 가르치는 지식이 학생의 삶을 풍요롭게 할 거라는 자부심을 갖는 순간 행복해질 것입니다.

Question 정년퇴직 이후에는 어떤 계획이 있나요?

정년퇴직 이후를 생각하면 행복합니다. 오랫동안 학생들을 가르치는 일을 해 왔지만, 월급을 받아 생계를 잇기 위해 일을 한 부분도 있습니다. 하지만 정년퇴직 이후에는 무보수로 가르치는 일을 하려고 합니다. 외국의 대학에 개설된 한국어학과 교수가 되어 월급을 받지 않고, 한국어를 가르치며 한국을 알리는 일을 하고 싶습니다.

Question 미래를 꿈꾸는 청소년들에게 한 말씀해 주세요.

미래는 누구에게나 다가오지만, 준비하지 않고 포기했을 때에는 미래가 없습니다. 지금 이 순간에도 저는 미래를 꿈꾸고 있습니다. 청소년들에게는 기대 수명만큼 더 많은 삶이 남아 있지요? 자신의 미래를 의미 있게 만들 수 있도록 꿈을 꾸기 바랍니다.

저는 중학교 1학년 때 담임이셨던 천제인 선생님을 만나면서 공부에 흥미를 가지게 되었고, 교사의 꿈을 꾸기 시작했습니다. 7~80년대에 어수선한 사회 분위기 속에서 광운대학교 전자공학과에 입학하였고, 교사의 꿈을 이루기 위해 교직 교과를 이수하여 교원 자격증을 취득하습니다. 그러나 높은 경쟁률을 뚫고 합격한 임용 시험이 취소 처리되고, 처음 근무한 학교는 재정 문제로 곤란을 겪는 등 교사가 되는 길은 생각만큼 순탄치 않았습니다.

교사가 되고자 했던 저의 열망 덕분인지 비로소 지금의 광운전자공업 고등학교에 교사가 될 수 있었습니다.

현재는 학생들을 가르치며 전자 관련 교과서와 교재 제작, 전자기술반과 참빛선플누리단 동아리 지도, 국가사업인 NCS 교육 과정 수립 및 학습 모듈 활용 등의 활동을 하고 있습니다. 정년퇴직 때까지는 교직을 천직으로 생각하며, 초심을 잃지 않고 최선을 다해 청소년들의 성장에 조금이나마 기여하고 싶습니다.

서울 광운전자공업 고등학교

이상종 교사

- 현) 서울 광운전자공업 고등학교 교사
- 광운대학교 교육행정대학원 휴학 중
- 광운대학교 전자공학과 졸업
- 부산전자공업고등학교 전자과 졸업

교사의 스케줄

이상종 교사의 **하루**

23:30 ~ 01:00
▸ 하루의 정리 및 내일 일정 체크
01:00 ~ 05:30
▸ 수면

05:30 ~ 06:45
▸ 기상 및 아침 운동
06:45 ~ 07:45
▸ 출근 준비 및 아침 식사

07:45 ~ 08:30
▸ 출근 및 수업 준비
08:30 ~ 12:20
▸ 오전 수업 및 학습 자료 연구

12:20 ~ 13:10
▸ 점심 식사
13:10 ~ 16:00
▸ 오후 수업 및 학습 자료 연구

18:00 ~ 19:00
▸ 퇴근 및 저녁 식사
16:30 ~ 18:00
▸ 방과 후 수업 강의 및 동아리 학생 지도

21:30 ~ 23:00
▸ 가족과의 시간, 휴식
19:00 ~ 21:30
▸ 학교에 있을 경우 수업 준비, 퇴근했을 경우 운동

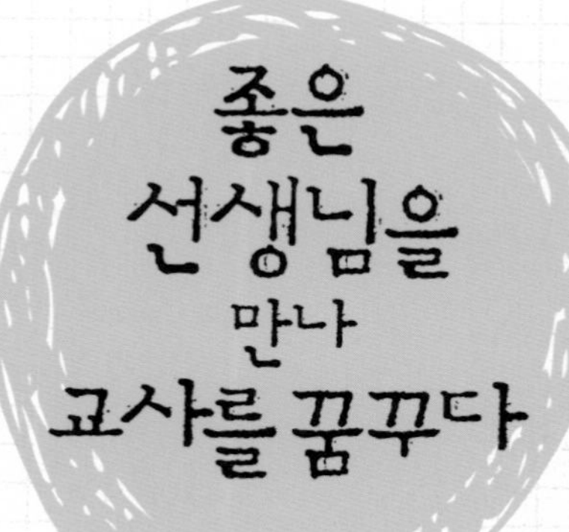

좋은 선생님을 만나 교사를 꿈꾸다

▲ 1975년 중3 도서부원으로 활동 모습

▲ 1975년 중3 시절 친구들과

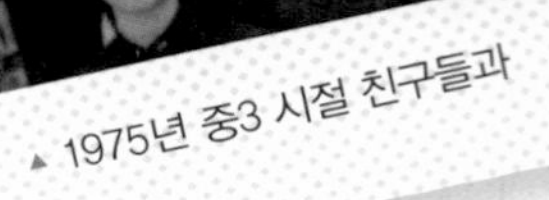

▲ 교직 롤 모델이신 천제인 선생님과 단짝 민원규와 함께

Question 초등학교 시절에는 어떤 학생이었나요?

초등학교 1학년 1학기를 마치고 여름 방학 때 충남 논산 평야가 있는 농촌에서 대한민국의 제2의 도시인 부산으로 이사했습니다. 농촌의 대자연 속에서 수박, 복숭아 서리 등을 하며 뛰어 놀았던 시골의 생활에 비해, 처음에는 친구도 없고 2부제 수업(초등학교 1학년부터 3학년 때까지는 오전반, 오후반으로 나누어서 수업을 하였다.) 등 도시 생활에 적응하느라 무척이나 힘들었던 기억이 납니다.

나에게는 다소 힘들었던 적응 기간이 지나면서부터 친구들도 많이 사귀고 동네와 학교에서 축구를 하며, 들로 산으로 다니면서 자연 속에서 성장을 하였습니다. 항상 어떤 일을 하든 꼼꼼하게 처리하고, 적극적으로 대처하면서 마을의 골목대장으로 친구들을 이끌어가는 리더로서의 역할을 하였습니다.

Question 중고등학교 시절에는 어떤 학생이었나요?

중학교 때 아버님의 사업 실패로 가정 경제가 매우 어려워져 국가 기능 장학금을 받으며 공부하기 위해 부산전자공업고등학교 전자과에 입학하였습니다. 1학년 때는 산악반 동아리 창단 멤버로, 매월 1~2회 정도 산악반 지도 선생님과 부산, 경남 지역의 산들을 산행하는 동아리 활동을 열심히 하였습니다.

또한 2학년 때는 축구를 좋아하는 사람들과 함께 금강이라는 축구팀을 결성하여 매주 일요일 아침에 모여 축구를 하였습니다.

학창 시절 내내 '기술인은 조국 근대화의 기수'라는 캐치프레이즈 아래 오전 수업 전 1시간, 오후 방과 후 2시간을 국가 기술 자격증 시험공부에 투자하였습니다. 그러한 노력의 결과로 2학년을 마칠 즈음 2개의 자격증을 취득하게 되었습니다.

3학년 때는 학급의 소대장(학도호국단 체제에서 지금의 학급 회장)을 하였고, 선도부원으로 교문에서 생활 지도를 하며 사명감을 가지고 학교생활을 하였습니다.

3학년 초에 포항제철(현 POSCO)의 장학생으로 선발되는 행운을 갖게 되었습니다. 당시 가정 경제가 매우 힘든 상황이었기에 대기업 취업은 놓칠 수 없는 기회였습니다. 그러나 취업을 하면 또래에 비해 많은 돈을 벌 수 있겠지만 저의 진로 목표였던 교사의 꿈은 이루지 못할 것이란 생각에 고민에 빠졌습니다. 현실이냐 꿈이냐의 고민 끝에 포항제철로의 실습을 과감하게 포기하고 내가 진정으로 원하는 선생님의 길을 걷기 위해 대학 진학을 결심하였습니다.

Question 어떤 성격이고, 어떤 분야에 흥미가 있었나요?

학창 시절 모든 일에 적극적이며 하나의 일을 맡으면 끝까지 책임을 완수하였습니다. 결과물을 만들어 내려 최선을 다하고, 주변의 어려운 친구들에게 도움을 주려고 노력하였습니다. 조직의 규모를 떠나 '나부터'라는 신조로 항상 솔선수범하며 이끌어가는 성격이었습니다. 특별하게 흥미나 소질이 뛰어난 것은 없으나 암기력 즉, 기억력이 다소 좋았고 수리논리력이 우수하였습니다.

그러나 돌이켜 보면 어떤 일들(예, 축제 전시회, 산악반 장비전 기획 및 팸플릿 작성, 축구 동아리 결성 및 운영, 친구들과의 여행 기획 등)을 기획하고 그것을 운영하는 즉, 이벤트 기획 업무 쪽으로 소질이 있었던 것 같습니다. 그러나 중·고등학교 시절에는 그런 것을 발견하고 해당 분야로의 성장을 위해 활용하는 데 한계가 있었습니다.

Question 학창 시절 장래 희망은 무엇이었나요?

내 의지로 무엇을 해 보고 싶다고 생각한 시기는 중학교 1학년 때입니다. 바로 교사가 되겠다는 것이었는데요, 그렇게 마음먹은 사건은 중학교 1학년 때의 담임이었던 천제인 선생님과의 만남입니다. 중학교 첫 시험에서 학급 67명 중 23등, 전교 667명 중 231등을 하였습니다. 이때 선생님께서는 1등부터 10등까지 노트와 볼펜 등을 선물로 주셨습니다. 그리고는 그 학생들 옆자리로 낮은 등수의 학생들 자리를 이동시켜 서로 도와가며 공부하도록 배려해 주셨습니다. 나는 그렇게 당시 8등을 하였던 민원규라는 친구와 짝꿍이 되었습니다.

한편, 담임 선생님께서는 우리의 반 전체 1번부터 67번까지 각 교과별 점수, 반 석차, 전교 석차 등을 일일이 적으셨습니다. 등수가 적혀 있는 그 종이에 해당 학생의 이름 아래로 붉은색 볼펜으로 밑줄을 긋고 각 학생의 집으로 우편 발송하였습니다. 그런데 불행하게도 제 성적표가 들어 있는 편지를 옆집 아주머니가 먼저 받아 열어 보게 되었습니다. '상종이는 공부를 잘하는 줄 알았는데 노력을 많이 해야 되겠네.'라는 아주머니의 말에 얼굴이 빨개지며 부끄러웠습니다. 그 다음날부터 어머니께 부탁드려 독서실을 다니면서 공부를 하였고 짝궁 민원규와 선의의 경쟁을 하게 되었습니다.

나름대로 자존심 회복 및 담임 선생님께 선물도, 칭찬도 받고 싶은 나만의 학습 동기로 노력한 결과 두 번째 시험에서 짝궁 민원규와 공동 8등이 되었습니다. 이때 담임 선생님 및 각 교과 선생님으로부터 칭찬을 받아 학습에 재미를 느끼게 되었고, 더 노력할 수 있었던 계기가 되었습니다.

그러던 중 천제인 선생님께서 수업이 끝난 교실에서 한글을 읽고 쓰지 못하였던 학생을 매일 남겨서 한글을 가르치고 계시는 것을 보았습니다. 저는 그 모습을 보고 나도 커서 천제인 선생님처럼 교사가 되어 학생들을 가르치는 사람이 되어야겠다는 제대로 된 꿈을 갖게 되었습니다. 한글을 배웠던 그 학생은 이후 공부를 열심히 하여 고등학교를 진학하고 나중에 부산에서 대학을 졸업했다는 소식을 들었습니다.

Question 학창 시절 롤 모델은 누구인가요?

롤 모델은 최우선적으로 중학교 1학년 때의 담임 선생님이셨던 천제인 선생님입니다.

선생님께서는 우리 반 학생들에게 무결석 학급을 만들자고 하시고 그러기 위해서 학생들의 가정사, 집 위치 등을 모두 파악하여 생활 지도를 하셨습니다. 하루는 삼랑진에서 부산으로 통학을 하던 친구가 아파서 학교를 오지 못하자 선생님께서는 직접 삼랑진으로 달려가셨습니다. 학생을 만나 상태를 확인하고는 병원을 들러 학교에 왔다 조퇴를 시켜 다시 삼랑진으로 데려다 주었던 일이 생각이 납니다. 이 일로 선생님의 제자 사랑에 대한 열정을 보고 배웠습니다.

또한 당시 경제적으로 매우 힘들었던 생활 속에서도 대학에 진학할 수 있도록 이끌어 주

▲ 광운대학교 재학 시절 친구들과 함께

▲ 대학교 졸업 사은회에서 사회를 보는 모습

▲ 대학 시절 교정에서

▲ 대학교 졸업 사진

셨던 멘토는 바로 어머니입니다. 어려운 가정 형편임에도 불구하고 자식이 공부할 수 있도록 학원비를 빌려 마지막 입시 종합반에 등록해 주셨고, 밤에 공부할 땐 졸지 말라고 과자와 보리차를 늘 준비해 주셨던 헌신적인 분이셨습니다. 그렇게 자식 뒷바라지를 하셨던 어머니께서는 2003년과 2005년 2번의 뇌출혈로 쓰러지신 후 10여년 이상을 움직이지 못하고 병석에서 누워 계십니다. 교사의 꿈도 이루고 경제적으로도 안정이 되어 지금이라도 효도를 하고 싶으나 아무것도 해드릴 수 없어 안타깝습니다.

Question 대학교 전공인 전자공학과에서는 어떤 것들을 배우나요?

고등학교를 진학할 때는 미래 지향적이면서 발전 가능성이 높은 분야를 전공하고자 전자과에 입학하였고, 대학은 전자공학과로 입학을 하였습니다. 그 당시 전자공학과에서는 물리전자공학, 전기회로망, 공업수학, 디지털공학, 통신공학, 전자자기학, 전자측정, 전자기초실습, 전자회로실습, 전자회로이론 등을 전공 교과로 배웠습니다.

Question 대학교 시절 어떤 학생이었나요?

제가 입학하던 1979년에는 79년 10. 26과 80년 5. 18로 말미암아 대학에 휴교령이 내려졌고, 이로 인해 공부를 제대로 할 수 없었던 시절이었습니다. 그러한 격변의 시기에도 저의 꿈을 놓지 않고 준비를 하여, 2학년 때부터 교육원리, 교육심리, 교육실습 등의 교직 이수 과목을 추가로 신청하였습니다. 다른 학생들보다 매 학기 3~4학점을 더 취득해야 하였기에 바쁜 시간을 보냈습니다.

군대를 다녀오고 3학년에 복학하기 전 대학 등록금을 벌기 위하여 아르바이트를 하였는데, 월급으로 16만원을 받아 10만원은 무조건 대학교 등록금(1983~4년도의 등록금이 65만 원 정도)을 마련하기 위하여 저축을 하고, 나머지 6만원으로 한 달을 사느라 매우 절약하며 살았던 기억이 떠오릅니다.

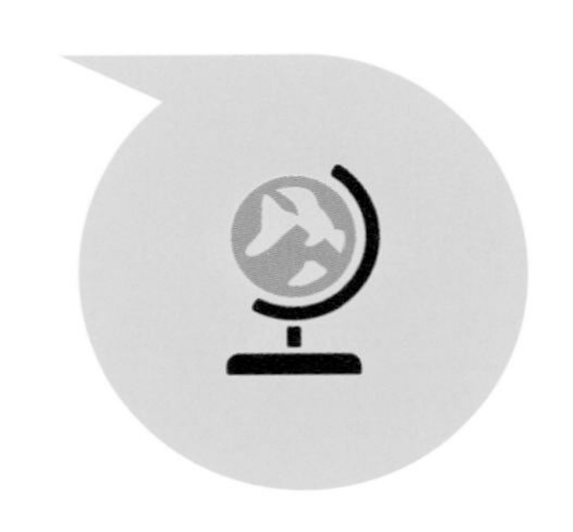

그러던 중 83년 12월, 사업에 실패하고 재기를 위하여 노력하시던 아버지께서 갑자기 뇌출혈로 쓰러져 돌아가셨습니다. 어렵게 저축해 둔 등록금은 아버지의 장례비로 모두 사용하여 복학을 포기한 채 지도 교수님이셨던 강준길 교수님(광운대학교 총장 역임, 현 광운대학교 석좌 교수)을 찾아뵙고, 복학이 어려운 사정을 말씀드리고 휴학을 연기하고자 부탁을 드렸습니다. 교수님께서는 '1년 벌어 1년 공부하고 또 다시 1년 벌어 공부하다 보면 학교를 졸업하지 못할 수 있다.'는 말씀과 함께 '차라리 학자금 융자로 공부를 빨리 마치고, 취업하여 융자금을 갚아 나가라.'는 조언을 해주셨습니다. 고민 끝에 빨리 학업을 마치고 취업을 하고자 마음을 먹고 학자금 융자를 통해 복학을 하게 되었습니다.

복학을 한 후부터는 그야말로 새벽부터 도서관에 사는 공부벌레가 되기로 작심하였습니다. 특히 3, 4학년 과정의 교육학 과목을 제일 열심히 공부하였습니다. 교육학 교과목의 리포트 과제를 위해서 우면동의 교육개발원까지 직접 찾아가서 수업 장학 등에 관한 책과 자료를 얻어 읽고 적극적으로 과제를 하였던 일이 생각납니다.

대학교 3학년 때는 전자공학과의 학생회장 선거에 출마하여 전자공학과 학생회의 임원으로 활동하였습니다.

또 한편으로 이 시기에는 전국의 지역별, 각 대학별 특성화 학과를 지정하여 육성한다는 정책이 있었습니다. 제가 다니던 대학에서는 전자재료공학과를 특성화 학과로 신청하였다는 뉴스를 보고 전자공학과 학생 모두가 모여 총장님 면담 등을 요구하며 학내 문제를 쟁점화시키기도 하였습니다.

그때 친구와 함께 전자공학과가 학교의 대표 학과로서의 역사적 당위성과 자부심을 살려 미래 지향적인 발전 계획과 지속적인 지원을 바란다는 내용의 대자보를 작성하여 학내에 게시하였고, 아름답게 전자공학과 학내 사태를 마무리 하였던 기억도 새롭게 납니다.

또한 대학교 4학년 때의 일로 갑자기 강남의 모 컴퓨터 학원에서 교직 전공자 중 기능사 자격증 취득 강의를 할 수 있는 학생 2명을 추천해 달라는 연락을 받았습니다. 동기와 함께 서울의 모 직업 고등학교 학생들의 전자기기 기능사 자격증 이론 강의를 2달 정도하여 80%에 가까운 합격률을 거두었던 일도 생각이 납니다.

Question 대학 생활 중 중요하게 생각한 것은 무엇이었나요?

'중도에 학업을 포기하지 말자.'였습니다. 가정 형편상 매 학기마다 학비를 조달하기도 어려웠을 뿐만 아니라 생활비도 거의 없이 생활하였습니다. 처음에는 학교 주변에서 하숙을 하다 도저히 비용 조달이 어려워 친척 집에 들어가서 동생들을 가르치며 공부하였습니다. 이후 친구들과 자취 생활도 하였고 휴학을 하고 제대 후 학비를 벌기 위해 회사도 다녔습니다. 대학생 생활의 가장 중요한 목표는 공부를 중단하지 않고 졸업을 하는 것. 즉, 전자교과 2급 정교사 자격증 취득을 최우선 목표로 대학 생활을 보냈습니다. 그때의 강한 의지가 지금의 제가 존재하게 된 바탕이 되었습니다.

Question 교사 선발 시험에 합격하고 교사가 될 수 없었던 아픈 기억이 있었다고요?

그동안 교사 임용 시험이 없었다가(직업 교육은 충남 대학교 공업교육학과 학생들을 공립의 중고등학교에 임용시킬 때이며, 사립학교는 학교 법인에서 자율로 시험 및 면접을 보아 교사를 채용하던 시기) 1985년 12월 처음으로 사립학교 재단연합회의 주관으로 제1회 전국 사립학교 중등 교사 시험이 생겼습니다. 이 시험에 공업 교과로 응시하여 약 10.7대 1의 경쟁률을 뚫고 합격의 영광을 누릴 수 있었습니다.

서울시 사립 중고등학교에 8명의 공업 선생님이 필요하다고 하여 1.5배수인 12명을 합격자로 발표를 하여 놓고, 실제로는 4명만을 임용시켰습니다. 여의도에 있던 사학재단연합회에 찾아가서 자초지종을 이야기하면서 면접의 기회를 주어야 하지 않느냐고 건의를 해 보았습니다. 그러나 사학에서는 교사의 임용을 사학의 법인에서 독자적으로 처리하기 때문에 어쩔 수 없다는 이야기만을 들었습니다. 대학 시절의 대부분을 교사가 되기 위해 많은 시간과 노력을 기울였던 것이 하루아침에 무너져버린 것 같아 허탈감이 컸습니다.

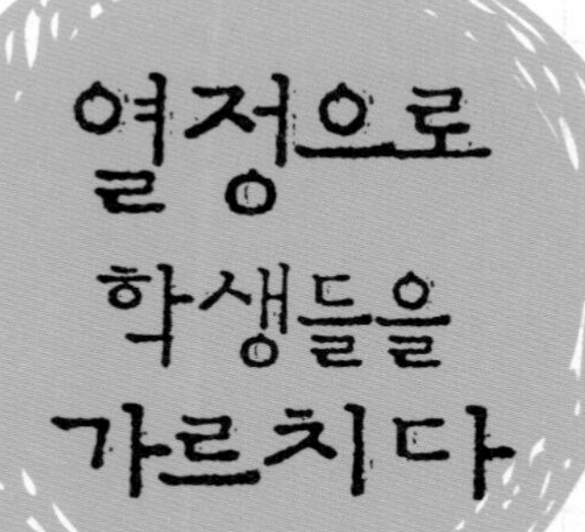

▲ 2004년 신일 스승상 수상, 제자들과 함께

▲ 2011년 광운전자공업 고등학교 학과부장회의 진행 모습

▲ 2013년 대한민국치어리딩 페스티벌, 종합우승팀과 함께

86년에도 교사가 되겠다는 희망을 놓을 수가 없어서 정식으로 취업을 못하고 있다가 3월에서야 여의도에서 메모리 반도체 등을 무역하는 한국실리콘에 입사하여 각종 반도체를 필요로 하는 업체에 연결 공급시켜 주는 업무를 하였습니다. 그러던 중 여름에 대성 전기공업(주) 공채로 기술연구소 개발팀에 입사하게 되었습니다. 그러나 교사가 되어야겠다는 꿈은 결코 접을 수 없었습니다.

Question 교사가 되기 위해 어떤 준비 과정을 거쳤나요?

사범대학이 아닌 공과대학의 전자공학과에 입학하였기에 우선은 전공인 전자공학과에서 성적을 평균 B학점 이상 취득하였습니다. 그리고 학교에 개설되어 있는 교직 과정(80년도 당시에는 대학교 2학년부터 4학년까지 매학기 2교과 4학점씩 6학기 동안 총 24학점을 취득하여야 했다.)을 신청하여 주어진 학점을 모두 이수하였고, 졸업과 동시에 2급 정교사 자격증을 신청하여 발급받았습니다. 교생 실습도 4주간 하였습니다.

그 당시는 직업 교육 관련 공립 교사의 임용 시험이 없던 시기였습니다. 왜냐하면 충남대학교의 공업교육학과 출신들만 공립 교사로 임용하던 시기였기 때문입니다. 일반 대학에서 교직 과정을 이수하여 교사 자격을 취득한 사람들은 사립학교의 교사 모집에 응시하여 시험을 보고 공개 수업 및 면접 등의 과정을 거쳐야 임용되었습니다. 그 시절에는 인터넷이 없던 시기라 사립학교의 교사 충원 모집 공고를 찾아다니며 직접 확인해야 했습니다.

Question 첫 발령지에서의 추억을 말씀해 주세요.

결혼을 하고 서울의 대림동에 작은 전세방을 얻어 신혼살림을 꾸렸습니다. 그러던 중 모교인 부산전자공업 고등학교에서 교생 실습을 하였을 때 지도 교사였던 나종일 선생님께서 교사가 되고자 하는 저의 꿈과 희망을 아시고 경남의 어느 학교에서 교사를 채용한다는 정보를 주셨습니다. 아내와 상의한 끝에 제가 꿈꾸던 교사가 되고자 과감하게 퇴사를 결정하였습니다.

교사로서의 첫 출발에 대한 커다란 기쁨과 희망으로 제가 솔선수범하며 학생들을 가르치고 이끌었습니다. 산악반 동아리를 만들어서 월 1회 정도 근교의 산을 다녔고, 5월 교내 체육 대회에서 반 학생 모두를 응원단으로 변신시켰습니다. 운동장이 작은 학교에서 이례적으로 응원을 펼치고, 학생들이 모두 하나 되어 움직이는 모습이 보기가 좋았는지 1학년 준우승과 함께 응원상을 수상하는 영광을 차지하였습니다.

또 한편으로는 전자 회로 실습 수업을 맡아 잘하지 못하는 학생과 더 공부하고자 하는 학생들을 방과 후에 남겨 밤늦도록 지도하였던 것이 생각납니다.

그러나 이 학교에서는 선생님들에게 급여를 제때 지급하지 않았습니다. 학교 자체 규정에 의해 지급하는 변칙 운영을 하여, 선생님들과 학교 법인 관계자와의 마찰이 빈번히 있었습니다. 이와 같은 이유로 선생님들께서 다른 학교로 옮기는 일들이 많아지는 상황이었습니다.

저 또한 갈등을 하고 있던 중 1990년 1월, 모교인 광운대학교 학생처에 근무하는 선배님의 연락이 인생의 전환점이 되었습니다. 바로 제가 꿈에 그리던 대한민국에서 최초로 전자 교육을 실시하였던 '전자 교육의 요람인 광운전자공업 고등학교'의 교사가 될 수 있었기 때문입니다. 사립학교 임용은 원서 접수와 서류 심사, 그리고 면접을 통과해야 합니다. 서류 전형을 통과하고 이사장 면접을 보기 위하여 서울로 상경하였고, 면접을 끝내고 집에 내려가는 길에 인사 담당자로부터 합격 소식을 듣게 되었습니다.

Question 교사의 자질 중 가장 중요한 것은 무엇인가요?

교사로서의 최우선적인 자질은 무엇보다도 사명감이라고 생각합니다. 교사로서의 사명감을 갖고 적극적이고 진취적인 자세로 맡은 소명을 다하는 마음가짐이야 말로 가장 중요한 자질이라고 생각합니다.

그 다음은 학생 지도에 대한 열정이 있어야 합니다. 교사의 열정은 곧 학생들의 학습 동기를 유발하고, 학생들로 하여금 교사라는 직업 인식에도 긍정적인 영향을 줄 수 있기 때문입니다. 저 또한 은사님의 사명감과 열정, 그리고 성실한 모습을 보면서 교사의 꿈을 갖게 되었듯이 교사에게 교육에 대한 열정은 매우 중요한 자질이라고 생각합니다.

그리고 교사는 학생들에게 방향을 제시할 줄 알아야 합니다. 학생들 스스로가 자신들의 소질과 흥미 그리고 노력의 결실에 따라 건강하고 바람직한 방향으로 성장해 나갈 수 있도록 이끌어 주고 지켜봐 주는 안내자의 역할도 필수 요소입니다.

Question 교사가 되기 위해 어떤 준비를 해야 하나요?

자신이 교사가 되어야겠다는 사명감을 갖고 있는지, 교육에 대한 열정이 있는지를 확인해야 합니다. 그리고 언제나 학생들의 바람직한 안내자가 되어 주는 자세가 필요하다고 생각합니다. 위의 3가지 자질이 충족되었다면, 자신의 전공과 관련된 교사의 길을 준비하여야 하겠지요? 초등학교 선생님이 되려면 교육대학교를 졸업하면서 교원 자격증을 취득하고, 국공립은 임용 시험을 준비하여야 하며, 사립학교는 교원 채용 공고를 확인하고 지원하여 서류 전형, 시험, 면접 등의 과정을 거쳐 합격해야 합니다.

중고등학교 선생님이 되려면 사범대학(전공 학과)을 졸업하거나, 일반 대학(전공 학과+교직 과정 이수) 또는 교육 대학원을 졸업하여 교원 자격증을 취득하고 난 후 국공립의 임용 시험과 사립학교의 채용 시험에 지원하여 합격을 하여야 합니다.

Question 교직 생활 중 가장 기억에 남는 일은 무엇인가요?

1993년 광운전자공업 고등학교에서 일렉 응원단 동아리를 창단하여 학생들에게 공부나 수업 이외에 자신이 잘할 수 있는 분야를 취미 생활로 즐길 수 있도록 이끌어 주었습니다.

이를 계기로 공부에 취미가 없던 학생들은 특기와 적성을 살려 자신들이 하고 싶은 레크리에이션학과로의 진로를 개척할 수 있었습니다. 응원단 동아리에서 대학 진학 희망자 모두를 입학시켰더니 서울특별시교육청 진로 지도 우수 사례로 뽑혀 홈페이지에 소개되었습니다.

2000년부터는 각종 대회 및 축하 공연 전문 동아리로서 서울시교육청 '서울학생동아리한마당' 개폐막식 축하 공연을 6년 연속으로 하였으며, 각종 치어리딩 대회 및 댄스 경연 대회에

출전하여 많은 수상 기록을 남겼습니다.

특히 2002년 2월에는 월드컵 D-100일 기념 KBS 한일 공동 생방송에 치어리딩 연합팀을 구성하여 참여하였으며, 5월에는 상암동 월드컵경기장 앞에서 D-30일 특별 생방송에 특별 출연을 하였습니다.

2002년 7월에는 국무총리청소년보호위원회의 월드컵 성공 기원 '청소년이 여는 다이내믹 코리아' 국민 대토론회 축하 공연, 2003년 3월 EBS 토크 한마당 '사제부 일체' 프로그램에 사제 일체 우수 사례로 방송되었습니다. 2003년 10월에는 청소년 잡지 '틴플'에 광운전자공업 고등학교 일렉 응원단이 특별 취재로 소개되었습니다.

2004년도에는 85회 전국체전에 응원 연합팀을 구성하여 개막 전야제 특별 식전 행사 공연을 하여 많은 박수를 받았습니다. 2005년 7월에는 한겨레신문의 교육 특집으로 '마음을 여는 교육'이라는 제목으로 특별 취재 및 소개가 되었으며, KBS1 아침 뉴스에 동아리 활동으로 대학 진학 및 진로 개척 사례 특별 취재로 방송되었습니다.

그리고 2005년 10월에는 천안에서 실시하는 제3회 천안 흥타령 춤 경연 대회에서 55개 팀 중 13개 팀이 상을 받는 본선 무대에 진출하여 특별상의 영광을 누렸습니다.

또 한편으로 응원단 동아리를 지도하면서 2002년 5월 18일 한강청소년동아리 문화축제에서 m-net 방송에 특별 출연을 하였으며, 청소년 동아리 우수 지도자로 문화관광부 장관 표창을 수상하였고, 그해 11월에는 전국 16개 시도 우수 지도자분들과 함께 해외 연수를 다녀오게 되었습니다.

2004년도에는 특별 활동 우수 지도 사례로 서울 신일학원에서 수여하는 '신일 스승상'을 수상하는 영광을 누릴 수 있었습니다.

2005년도 11월에는 또 다시 문화관광부에서 우수 지도자로 선정되어 프랑스-이탈리아 해외연수를 다녀왔습니다.

이러한 모든 것은 학생들과 함께 호흡하고 고민하고 움직였기에 좋은 평가를 받을 수 있었습니다. 학생들을 수동적인 사람이 아닌 자신들이 스스로 행하는 능동적인 사람으로 이끌고자 만들었던 일렉 응원단이 많은 사랑을 받았습니다. 많은 학생들이 응원으로 인하여 진로도 개척하였고, 사회에 나가서 적극적인 자세를 갖고 살아가는 모습을 보면 교사로서 가슴이 뿌듯합니다.

교직 생활에서 가장 관심 있는 분야는 무엇인가요?

학생 지도를 위한 전문성을 기르는 것이 최고의 관심사입니다. 그런 것들이 교실 수업에서만 이루어지는 것이 아니라 동아리 활동에서도 이루어질 수 있다면 얼마나 좋을까 생각합니다. 현재 중고등학교에서의 학생 지도는 교실에서의 지도가 기본이지만, 동아리 활동을 통해서도 학습 지도, 진로 지도, 상담 활동, 특기 적성 지도 등 다양한 것들을 가르칠 수 있습니다.

앞으로는 '동아리 학교'라는 특색 있는 교육을 해 보고 싶습니다. 여기서 동아리 학교란 학급의 교실이 동아리 실이 되고, 교사에게는 그 동아리 실이 연구실이자 수업을 하는 교실이 되어 학생들은 원하는 수업을 듣기 위해 교실을 찾아다니는 형태입니다. 얼마 남지 않은 교직 시간의 마지막 꿈이자 희망입니다.

Question

교사로서 전문성을 높이기 위해 어떤 노력을 하나요?

자신이 가르치고 이끌어가야 할 전공 교과에 대한 해박한 지식과 학생들의 수준에 맞는 교수 학습 방법 등을 개발하는 노력이 필요하다고 생각합니다. 아무리 실력이 우수한 교사라도 학생들의 수준을 파악하지 못하면 무용지물이기 때문입니다. 학습자 수준에 맞춘 교수 학습 방법을 적용하여야 학생들의 학습 동기를 끌어올릴 수 있으며, 교육의 효과를 최대화시킬 수 있습니다.

또 한편으로는 교수 학습 방법을 적용하기 위한 효과적인 자료를 만들어야 합니다. 좋은 교수 학습 자료가 수업의 질을 끌어올릴 수 있기 때문입니다.

교사로서의 전문성과 교수 학습 능력을 갖추고자 다양한 수업 방법 개선 및 전공 교과의 연수를 다니며 끊임없는 자기 계발을 하였습니다. 이러한 노력 덕분에 혁신적 학습 자료 제작 방법을 개발하고, 이를 서울의 전자과 교사들을 대상으로 직무 연수를 통해 나눌 수 있었습니다. 그리고 수업 지원단 활동을 하면서 각 학교의 선생님들의 공개 수업을 듣고 상호 토론을 하며 수업의 질 향상을 위해 노력하였습니다. 또한 전자 교과 분야의 참고 서적과 교과서를 집필하기도 하였습니다.

Question 교사 생활을 하면서 가장 기억에 남는 제자는 누구인가요?

기억에 남는 제자가 많이 있지만 대표적인 제자 2명을 소개하고자 합니다.

첫 번째는 1993년도에 광운전자공업 고등학교에 입학하여 일렉 응원단을 처음 창단할 때 함께 고생하며 응원단의 모든 것을 하나하나 만들어 나아갔던, 강승구라는 제자입니다.

학생들을 이끄는 모습이 눈에 띄어 바로 응원단으로 스카우트를 하여 1학년 대표를 맡겼던 학생입니다. 1994년 산행 대회가 있던 날 승구는 사춘기적 방황의 문제로 다른 학교의 친구와 가출을 하였는데, 그날이 마침 성수대교가 무너져서 32명의 중고등학교 학생과 시민이 사망하고 17명이 다치는 사고가 있었던 날이었습니다.

승구 아버님과 제가 동분서주하며 친구들에게 연락을 취하여 10여 일 뒤에는 귀가하여 다시 학교생활과 응원단 생활을 열심히 하였으며, 3학년 때는 제가 담임을 하였는데 2학기 때 현장 실습으로 응원단 활동과 단장의 경력을 살려서 방송 관련 이벤트 회사로 취업을 나가게 되었습니다. 취업을 나간 후 10월달에 2학기 시험을 보기 위해 귀교를 하였을 때 학급의 친구들과 함께 저와 여러 선생님을 모시고 음식점에서 사은회를 열어 주어 다른 선생님으로부터 좋은 제자를 두었다고 부러움을 사기도 하였습니다. 현재는 방송 관련 영상 장비를 설치 운영하는 회사를 설립하여 열심히 생활하고 있습니다.

두 번째는 광운전자공업 고등학교 일렉 응원단에서 활동하다가 2001년에 연세대학교로 진학한 홍순만이라는 제자입니다. 연세대학에 수시 원서를 접수할 때 동아리 활동을 하면서 각종 상을 받았다는 것과 많은 경험과 봉사 활동을 하였던 것이 자신의 삶에 많은 도움이 되었으며, 앞으로의 생활에서도 자신감을 갖고 할 수 있다고 자기소개서를 작성하여 좋은 점수를 받았던 것으로 기억을 합니다. 대학교에 입학하고서도 연세대의 응원단인 '아카

라카'에 들어가 활동을 하였으며, 연고전 축제 때는 저와 동아리 후배들을 학교로 초청하여 축제를 함께 즐기기도 하였습니다.

그러나 홍순만은 기초 학력 준비 미비로 학사 경고를 받고, 기초를 다지기 위해 서울역의 학원가에서 칠판을 닦으며 무료로 영어, 수학, 과학을 배우며 연세대학교를 9년 반 만에 졸업한 제자입니다. 그 졸업식 때 저는 응원단 후배들 편에 현수막과 꽃다발을 보내 졸업 축하를 해 주었던 기억이 납니다.

홍순만은 대학 졸업 후 이벤트 기획사의 레크레이션 및 치어리딩 강사 생활을 하며 취업을 준비하다 현재는 제법 튼튼한 기업체의 연구소에 취업을 하여 열심히 살고 있습니다.

Question 교사로서 어떨 때 가장 큰 보람을 느끼나요?

제자들이 올바르고 바람직하게 발전하고 성장할 때 가장 큰 보람을 느낍니다. 특히 학창시절에 무엇을 어떻게 해야 할지 몰라 방황했을지라도 사회에 나가서는 자신의 진로를 스스로 개척하는 학생을 보면 뿌듯합니다.

Question 교사 직업의 장점과 단점을 말씀해 주세요.

미성숙한 청소년들을 잘 가르치고 이끌어 건전하고 바람직한 방향으로 발전할 수 있도록 도울 수 있다는 것이 장점입니다.

그래서 교직은 하늘이 내린 천직이라는 말이 있습니다. 긍정적인 자세와 즐거운 마음으로 봉사한다는 마음가짐으로 임한다면 즐겁게 보람을 느끼며 살아가지 않을까 합니다.

단점은 생각하기에 따라서 다양할 수 있는데, 최선을 다해 모든 부분에 열심히 노력하는 사람이나 그렇지 않은 사람이나 급여나 인사 등에서 차이가 별로 없다는 점입니다. 교사들의 급여를 국민의 세금으로 보전하여 주기 때문에 이러한 불합리한 평가나 인사 시스템이 바람직하고 투명하게 이루어져야 한다고 생각합니다.

Question 교사를 꿈꾸는 청소년들에게 조언을 해 주신다면?

교사를 하나의 직업이라고만 생각한다면 그 길을 걷지 말라고 이야기하고 싶습니다. 교육은 백년지대계라고 하지요? 현재의 교육이 체계적으로 잘 이루어져야 훗날 우리 후손들이 건강하고 바람직하게 성장 발전할 수 있을 것입니다. 이는 교육이 올바른 역할을 해 주어야만 가능하다고 생각합니다.

그러므로 교사가 되고자 한다면 교사로서 학생들을 잘 가르치고 이끌어 줄 수 있는지 스스로 점검해 보기 바랍니다. 학생의 생활 전반에서 멘토로서 역할을 다하고, 끝까지 초심을 지킬 수 있는지 살펴보아야 할 것입니다.

또한 교사는 전공 분야의 전문 지식이 우수하여야 하며, 그 외 학생들의 동아리 활동이나 방과 후 활동에서 이끌어 줄 수 있는 특기와 취미가 있어야 합니다. 교육은 교실에서만 이루어지는 것이 아니므로 기타 활동 등을 통해서도 많은 가르침과 동기 유발을 만들어 줄 수 있다고 생각합니다.

Question 교직 생활 중 안타까워 가슴 아팠던 일은 없었나요?

경남에서 교사 초임 때 ○○○이라는 학생이 있었습니다. 1학기 중반부터 갑자기 이유 없이 학교에 다니기 싫다고 하여 지도에 무척이나 고생을 하였던 학생이었습니다.

누나들 밑으로 막내로 둔 아들이라 부모님께서 다소 연세가 많으셨고, 막내라 어려서부터 자기 마음대로 행동하고 고집을 부려도 누가 뭐라고 하지 않아서 자신의 잘못된 행동에 대한 반성 없이 자신의 주장만을 고집하던 학생이었습니다. 아버님께서는 연세가 많아 직업이 없으셨고, 어머니께서는 시장의 좌판에서 생선 장사를 하며 아들을 잘 가르쳐보겠다고 많은 노력을 하셨습니다. 상담과 설득을 하였지만 막무가내였습니다. 그러던 어느 날 '어머니

앞에서 제가 학생을 한번 혼을 내어서 가르쳐 보겠다.'며 어머니께 부탁을 드렸습니다. 어머니의 허락을 받고 면담을 진행하였습니다. 그 학생에게 '눈을 크게 뜨고 지금의 너의 어머니를 똑바로 쳐다보라.'고 한 후 심금을 울리는 연설을 하였습니다.

"너의 어머니는 지금도 매일 시장 노점에서 너를 잘 가르쳐 보겠다고 하루 종일 쪼그려 앉아서 장사를 하고 계신다. 얼마나 힘드시겠니? 네가 하루 종일 너의 가족을 위해서 그렇게 한번 해 보면 어떨까? 너는 아주 나쁜 놈이야! 학교에서 공부를 많이도 말고 적당히 하고 졸업을 하라고 하는데도 그것이 싫어서 학교를 그만 두겠다고 억지를 부리고 있으니 처량하고 불쌍하구나! 네가 오늘 학교를 그만 두더라도 내게 혼이 나고 나서 그만 두어야 한다."라고 하면서 다그치자 어머니께서는 하염없이 눈물을 흘리셨습니다.

"저렇게 어머니께서 힘들게 고생하면서 공부시키겠다고 하는데 그것을 모른다고 한 너는 선생님에게 회초리 10대만 맞고 그만 두어라."고 하였습니다.

그리고는 매를 들어서 학생을 힘껏 때렸습니다. 하나, 둘, 세게 하면서 다섯이 넘어갈 때 지금이라도 네가 어머니를 생각해서 조금이라도 공부할 마음이 있으면 언제든지 이야기하라고 하였습니다. 그리고 네가 공부를 하겠다고 하면 선생님이 언제든지 도와주겠노라고 하였습니다.

설득하면서 7대를 때렸을까? 학생이 울면서 '선생님! 공부를 해 볼 수 있는 데까지 해 보겠습니다.'라고 하여 1학년 나머지 시간을 그야말로 열심히 지도하였습니다.

그런데 2학년이 되어 다른 반으로 편성이 되면서 다시 학교를 안다니겠다고 하여 설득을 시켰는데 2학년을 마치지 못하고 학교를 그만 두었습니다.

제가 서울로 학교를 옮기고 2년 뒤쯤에 그곳을 지나갈 기회가 있어서 우연히 그 어머니께서 장사하시던 시장을 들렀는데, 어머니께서 암으로 돌아가셨다는 이야기를 들었습니다. 그 어머니의 모습과 그 학생의 얼굴이 떠올라 한 동안 그 시장을 나올 수가 없었습니다. 나도 모르게 눈물이 흘렀습니다. 그때 내 자신이 더 적극적으로 그 학생을 보듬고 다독여 주었더라면 어땠을까. 그 학생은 지금 어디에서 무엇을 하고 있을까 궁금합니다.

Question 교사로서 앞으로 목표가 있다면 무엇인가요?

저는 교사로서의 초심을 잃지 않고 퇴임을 하는 순간까지 본분을 다하는 것이 최우선 목표입니다.

그리고 전자 관련 분야의 교과서 및 참고서를 학생들이 이해하기 쉬우면서도 실제 현장에서 바로 활용할 수 있도록 집필하는 것이 두 번째 목표입니다.

그리고 만약에 기회가 주어진다면 학교를 특색 있게 경영해 보고 싶습니다. 앞에서도 잠깐 언급하였듯이 교실에서 뿐만 아니라 동아리 활동을 통해서도 학습 지도, 진로 지도, 상담 활동, 특기 적성 지도 등 다양한 방법으로 학생 지도를 해 보고 싶습니다.

또 한편으로는 그동안 제가 해왔던 수업 방법 개선 및 학습 자료 제작 등으로 후배 선생님들의 멘토가 되어 컨설팅 장학 위원 또는 수석 교사(수업 전문성이 있는 교사를 수석 교사로 선발해 그 전문성을 다른 교사와 공유하는 교원 자격 체계)로 활동하고 싶은 목표가 있습니다.

Question 정년퇴직 이후에는 어떤 일을 할지 계획하는 게 있나요?

정년퇴직 후에는 충남의 태안반도 부근에서 주중에는 과수원과 텃밭을 가꾸고, 책도 집필하고, 여행하며 사진 촬영을 하러 다닐 것입니다.

그리고 주말에는 서울로 올라와서 치어리딩협회 일과 청소년동아리연맹의 일, 그리고 선플운동본부 등의 일에 조금씩 참여하며 오랫동안 함께했던 선생님들과의 친교의 시간도 갖고자 합니다.

특히 몇몇 청소년 동아리 지도자 선생님들과 유럽 등 선진국의 아동 청소년 정책과 실버 교육 문화 정책 등을 견학하며, 미래 우리나라의 바람직한 아동 청소년 제도 및 어르신 교육 문화 제도에 조금이나마 기여하고자 합니다.

Question 미래를 꿈꾸는 청소년들에게 한 말씀해 주세요.

지금의 청소년들이 대한민국의 미래를 이끌어가고 발전시켜야 하며, 또 다시 시간이 흐른 뒤에는 후손들에게 아름답고 살기 좋은 대한민국을 물려주어야 하지 않겠습니까?

그러므로 청소년 여러분들은 지금 이 순간에도 긍정적이고 미래 지향적인 꿈을 갖고 지속적으로 노력해야 할 것입니다.

우리 세대에서는 '기술인은 조국 근대화의 기수'라는 기치 아래 기술을 배우고 수출을 늘리며, 개인들의 희생이나 아픔들을 뒤로한 채 눈부신 경제 성장을 이룩하여 오늘날의 대한민국이 있도록 하였습니다. 그러나 이제는 단순한 기술력과 생산성만으로는 국가 경제를 이끌어갈 수 없을 것이라 생각합니다. 새로운 일자리를 창출할 수 있는 신개념의 기술력과 서비스업, 정보 통신 등이 어우러지는 융합의 기술로 나아갈 것입니다. 이러한 분야로의 준비가 필요한 시기입니다.

우선 기본과 기초를 튼튼히 하고 새로운 것에 도전하십시오. 한 국가가 사회적 갈등 없이 상생과 소통하며 즐거운 삶을 유지하도록 하려면 청소년이 건강하게 성장할 수 있는 올바른 교육적 토대가 마련이 되어야 하며, 전 국민에게 다양한 일자리를 만들어 주어야 합니다. 청소년 여러분! 국민 모두가 골고루 일자리를 나누어 가질 수 있도록 부단한 노력을 기울여야 할 것입니다. 자신감을 갖고 적극적인 자세로 대한민국의 발전을 위해서 도전하기 바랍니다.

Question 학습 효과를 높일 수 있는 비법 한 가지만 알려 주세요.

가장 확실하고 검증이 된 방법은 기본적이고, 원론적인 것이 최고의 방법이라고 생각합니다.

첫째, 학습 시 필요한 준비를 철저히 하는 것입니다. 교과서, 노트, 필기구를 잘 준비하는 것입니다.

둘째, 수업 시 집중해야 합니다. 기초 원리 등을 집중해서 듣고, 필기하고, 반복 복습하는 것이 가장 빠르게 학습 효과를 올리는 방법입니다.

요즘 학생들은 노트와 필기구를 잘 갖고 다니지 않는 경향이 있습니다. 필기를 하지 않고 듣기만 하다 보니 당연히 집중력이 떨어지게 됩니다. 그리고 다시 공부를 하고자 할 때 찾아볼 수 없어서 반복적인 학습을 할 수 없게 됩니다.

일단 듣고, 쓰고, 반복하여 복습하는 것이 정도라고 생각합니다. 단, 집중을 하면 더욱 효과가 뛰어납니다. 우리가 교과서 2~3페이지를 읽고 나서 일주일 후에 그 내용을 요약하여 이야기할 수는 없을지라도 자신이 관심이 있는 만화나 영화, 소설 등을 읽고 나서는 시간이 흘러도 내용을 요약하여 이야기할 수 있는 것과 일맥상통합니다.

자신이 하고자 하는 일에 재미를 느끼는 일도 매우 중요합니다. 재미, 즉 흥미가 있으면 자기 자신도 모르는 사이 집중력이 생기게 되며 그 내용 또는 그 일 속으로 빠져들게 됩니다. 그렇게 집중을 하며 무엇인가에 몰입하고 나면 그것은 꽤 오랜 시간동안 기억되는 원리입니다. 기억력도 한계가 있습니다. 중간에 다시 집중을 하여 한두 번 복습을 하면서 암기 및 이해를 하면 그 내용은 꽤 오랫동안 기억에 남습니다.

'게으른 천재는 성공하지 못하지만 노력하는 사람은 노력한 만큼의 결실을 맺는다.'는 말도 있고, '굴러가는 돌에는 이끼가 끼지 않는다.'는 속담도 있습니다. 기본과 원칙을 갖고 노력을 한다면 반드시 좋은 결실을 맺을 수 있다고 생각합니다.

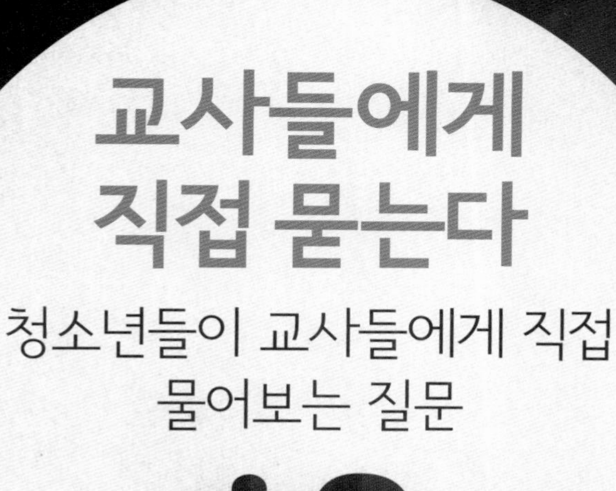

교사들에게 직접 묻는다

청소년들이 교사들에게 직접 물어보는 질문

유치원 다니는 동생과 재미있게 놀아 주고 싶어요. 유치원생들이 가장 좋아하는 간식과 놀이는 무엇인가요?

5~7세인 유아들이 가장 좋아하는 간식은 자신들이 직접 만든 간식입니다. 편식을 하거나 먹지 않는 음식도 본인이 직접 만들면 맛있다고 이야기하며 먹는 모습을 볼 수 있습니다. 하하. 그래서 수업 중에 요리 활동을 자주 계획합니다.

그래도 보편적으로 좋아하는 간식은 단 음식이 아닐까 생각합니다. 사탕, 초콜렛, 과자, 빵, 아이스크림 등등 달콤한 음식은 아이들이 가장 좋아하는 간식인 것 같습니다.

아이들에게는 사랑이 필요하다고 하셨는데, 잘못을 하더라도 사랑으로 감싸야 할까요? 아님, 체벌을 해야 할 때도 있나요?

아이들에게는 어떠한 체벌도 해서는 안 된다고 생각합니다. 아이들이 잘못한 일은 잘못이라기보다 그것이 잘못인지 모르고 행동하거나, 그 일로 혼은 났지만 왜 혼이 났는지 이해가 되지 않은 일, 혹은 그냥 재미있어서 하는 행동들이 많습니다. 이해가 부족하기 때문에 반복적으로 잘못된 행동을 하는 경우도 많이 보았습니다. 이러한 행동들은 아이들의 눈높이에서 풀어서 이야기해 주고, 왜 그 행동을 했는지 물어보고 참고 기다려 주는 것이 중요하다고 생각합니다. 다른 사람에게 피해가 되지 않는다면, 스스로 잘못을 깨달을 수 있도록 기다려 주는 것이 가장 좋은 방법이라고 확신합니다.^^

초등학교 1학년 학생이 오줌을 싸거나 엄마가 보고 싶다고 울 땐 어떻게 대처하시나요?

1학년 교실에는 여분의 옷을 준비해 두는 것이 좋습니다. 일단 오줌을 싸면 깔끔하게 치워야겠죠? 닦아 주고 치워 주고 먼저 옷을 갈아입게 도와줍니다.(물론 성별이 다르다면 다른 반 선생님의 도움을 받아야겠죠) 실제 1학년 담임을 할 때 흥건히 젖은 의자를 보고 아이를 화장실로 데려가 옷을 갈아입히고 아무렇지도 않은 듯 다시 교실로 데리고 와서 수업을 한 적이 있었습니다.

고학년이 되면 사춘기가 시작되어 반항을 하기도 하는데 어떻게 지도하시나요? 관련된 에피소드가 있으면 소개해 주세요.

체육 시간에 땀을 흠뻑 흘리면서 운동을 함께합니다. 체육 시간은 자연스럽게 스킨십을 하면서 더욱 가까워질 수 있는 시간입니다. 함께해야 이길 수 있는 단체 운동을 다른 반과 시합하는 것도 좋은 방법 중에 하나입니다. 6학년 학생을 지도할 때 반 대항 계주 경기와 축구 경기를 했는데 우리 반 친구들 모두 하나가 될 정도로 가까워졌습니다.

최근 장애인에 대한 태도와 인식이 많이 바뀌었나요? 혹은 어떻게 바뀌길 바라는지요?

지금은 대부분의 일반 학교에 특수 학급이 있으며, 특수 학교의 수도 많이 늘어나고 있는 추세입니다. 장애 학생들에게 적합한 교육 환경이 잘 구축되고 있는 거지요. 또한, 교육 현장에서 일반 학생들과 통합할 수 있는 환경과 기회가 주어지기 때문에 여러분도 장애를 가진 친구를 자주 만날 수 있었을 겁니다. 그래서 장애 학생들을 대하는 낯선 시선과 거리감이 편안함으로 조금씩 바뀌고 있는 것 같아요. 일반 학생들과 통합 교육 수업을 하면, 장애 학생들을 잘 도와주고 친근히 대하는 학생들이 대부분이에요. 중요한 것은 이제는 장애 학생들이 가여워서 도움을 주는 대상이 아닌 내 친구나 동료가 될 수 있도록 친근히 다가와줬으면 해요. 지금 우리부터 노력해야 다음 세대에 장애인에 대한 올바른 인식과 태도를 물려줄 수 있겠지요?

공공장소 등에서 장애인을 만났을 때 어떻게 대하면 좋을까요?

공공장소에 장애 시설이 잘되어 있는 편이지만, 아직 부족한 부분이 있지요. 몸이 불편한 사람을 만났을 때 공공시설 사용에 어려움을 보인다면, 먼저 도움이 필요한지 의사를 물어보고 도와주면 좋겠어요. 지하철에서 종종 마음이 앞서 과도하게 친절을 베푸는 분들을 보게 되어요. 하지만 당사자가 사람들의 도움이나 시선이 불편할 수 있고, 워낙 도움에 익숙해져서 할 수 있는데도 하지 않으려는 분도 있거든요. 무조건 도움이 필요한 대상이라고 생각하지 말아야 합니다.

보건실에 오는 학생들 중 진짜 아파서 오는지, 꾀병을 부리는지 구분할 수 있으세요?

네, 당연히 구분할 수 있습니다. 그 동안의 누적 기록을 통하여(보건 일지) 그 학생의 병력을 알고 있기도 하고요, 처음 보건실 문을 열고 들어올 때의 얼굴 표정, 목소리, 자신의 아픈 점을 말하는 태도 등을 종합하면 그리 어려운 일은 아니거든요.^^ 하지만 꾀병도 마음의 병일 수 있으므로 진지하게 들어주고 함께 해결해 주기 위해 노력한답니다.

단, 상습적인 꾀병은 No! 따끔히 이야기할 때도 있습니다. 선생님도 인간이므로 반복적인 꾀병이나 뻔히 보이는 악의적인 속임수에는 화가 날 때도 있어요.

보건 수업을 하면서 겪은 에피소드가 있나요?

선택 과목인 보건 수업은 평가 없이 이루어지는 경우가 많습니다. 몇 년 전 우연히 평가(정규 시험)가 있는 보건 수업을 하게 된 경험이 있어서 그때 겪은 일을 소개하려고 합니다. 지필 평가뿐만 아니라 수행 평가까지 이루어져야 하므로 심폐 소생술에 관한 수행 평가를 기획해 보았던 적이 있는데요. 단지 마네킹을 두고 심폐 소생술 활동의 결과만을 평가하는 것이 아닌, 이를 종합적으로 이해하고 적합한 상황에서 활용할 수 있는지 평가하고 싶다는 생각을 하였습니다.

그 결과 '심폐 소생술 역할극'을 하도록 이끌게 되었는데요, 역시 학생들의 톡톡 튀는 아이디어와 재기발랄한 그들의 웃음 제조 능력을 다시 한번 확인하였습니다. 학생들은 지하철에서 우연히 쓰러진 사람을 구하는 역할극을 하기도 하고, 맨발의 기봉이(당시 상영되었던 영화)를 패러디한 역할극을 보여 주기도 하였습니다. 이 경험을 통하여 저는 평가자가 아닌 역할극의 한 인물처럼 학생들과 공감했던 기억이 있습니다.

저는 남학생인데요, 부모님께서 대학 진학보다는 기술을 배우라고 하십니다. 앞으로 어떤 분야가 유망할까요?

자신의 특성을 잘 살펴보아야 하는데요. 강인한 체력과 담대한 마음을 가졌다면 산업잠수사, 항공정비도 좋을 것 같고요.

섬세함, 인내심, 미적 감각 등의 특성이 뛰어나다면 보석 가공, 3D 프린터 조작원 등도 좋을 것 같습니다.

저는 웹툰 작가가 되고 싶은데, 부모님께서 반대가 심합니다. 어떻게 부모님을 설득해야 할까요?

부모님께서는 직업에서의 성공 가능성과 직업 안정성을 염두에 두고 반대하실 것입니다. 중요한 것은 자신이 이 분야에 재능이 있다는 것을 부모님께 보여드리는 것이 급선무라고 생각됩니다. 웹툰 작가가 되고 싶다며 단순히 생각만을 말씀드리기보다 좀 더 구체적으로 작품을 연습한 결과물로 부모님을 설득해 보는 것이 좋을 것 같습니다.

자신이 이 분야를 얼마나 좋아하는지, 웹툰 작가가 되기 위해서 어떻게 준비하는지, 재능을 개발하기 위해 얼마나 노력하는지 등을 부모님께 보여드리면 설득할 수 있으리라고 생각되네요.

수석 교사가 되어 다른 선생님을 지도할 때와 학생들을 가르칠 때 어떤 차이점이 있나요?

일반 교사로서 다른 선생님들을 지도할 수는 없습니다. 같은 교사에게서 배운다는 것은 스스로 무엇인가 부족하다는 것을 인정하는 것이기 때문입니다. 하지만 수석 교사 입장에서 전문성을 가지고 선생님들에게 접근했을 때 긍정적이고 적극적으로 수용하는 것을 볼 수 있었습니다. 또한 학생들에게는 제가 수석 교사이고, 수석 교사는 교사들의 교사로서 선생님들의 전문성 향상을 위해 도와주는 직책이라고 설명하면 자신들도 좋은 교육 서비스를 받을 수 있다는 믿음과 신뢰가 한층 깊어지는 것을 느낄 수 있었습니다.

국어 선생님이셨는데, 추천할 만한 문학 작품 하나만 소개해 주세요.

저는 헤밍웨이의 '노인과 바다'를 추천하고 싶습니다. 〈노인은 홀로 바다 한가운데로 나가 커다란 물고기 한 마리를 낚았습니다. 고기가 워낙 커서 하룻밤과 하루낮을 노인의 배는 고기에게 끌려다녔습니다. 죽을 힘을 다해 싸워 두 번째 밤이 밝을 무렵 겨우 그 물고기를 끌어 올려 배에 붙들어 매었습니다. 노인은 천천히 귀로에 올랐습니다. 그러나 이번에는 상어 떼의 습격을 받게 되었습니다. 노인은 노 끝에 칼을 잡아매어 상어와 싸웠습니다. 그 노력에도 불구하고 항구에 돌아와 보니 그 물고기는 앙상하게 뼈만 남아 있었습니다. 그렇지만 노인은 자기의 패배에 대하여 만족하였습니다.〉 이렇듯 인생은 커다란 물고기를 잡은 것과 같이 많이 얻기도 하지만, 상어의 공격을 받아 뼈만 남듯 아무 것도 남지 않을 수도 있습니다. 삶의 모든 순간을 받아들일 수 있도록 하는 작품입니다.

공업고등학교에서 최근 학생들에게 인기 있는 과(전공)는 어떤 것이고, 그 이유는 무엇인가요?

학생들의 생각과 취미, 적성 등에 따라서 전공을 선택해야 하지만, 우리 사회는 어느 분야가 조금 유망하다고 하면 소질과 흥미가 없음에도 불구하고 해당 학과를 선택합니다. 그러다 막상 실습 등을 하려고 하면 적성에 맞지 않아서 힘들어 하는 학생들을 너무나도 많이 보고 있어서 안타깝습니다.

현재 인기가 있는 학과가 무엇이라고 이야기하기는 매우 어렵습니다. 최근 공업계 특성화 고등학교 및 마이스터 고등학교의 학과에는 상호 융합의 과정이 있으므로 학생 개개인의 특성과 적성 및 흥미 등을 고려하여 자신에게 알맞은 학과를 선택하는 것이 바람직하다고 생각합니다.

공업고등학교를 졸업하고 진로를 결정할 때 대학 진학과 취업 중 어느 쪽을 더 많이 선택하나요?

최근 공업계 고등학교 졸업생들의 진로 희망은 취업이 60~70% 정도이고, 대학 진학은 20~30% 정도이나 상황에 따라서 조금씩 증감될 수 있습니다.

산학 맞춤형 및 일 학습 병행제 또는 선취업·후진학 등의 제도와 새롭게 시행되는 도제교육(산업체와 함께 교육하고 취업으로 연결하는 교육 시스템) 등 다양한 취업 시스템은 있지만, 학생들이 취업 후 계속 공부하고 배울 수 있는 사회적 인프라의 구축이 이루어져야 고졸 취업과 일 학습 병행, 선취업·후진학 등의 제도가 안정적으로 발전할 수 있다고 생각합니다.

96.
DNA RNA

삶을 이끄는 안내자, 교사가 되기까지

직업 심리 검사

'교사라는 직업이 나에게 맞을까?'

혹은 '나에게 어떤 직업이 맞을까?' 궁금하다면, 나를 알아가는 또 하나의 방법인 직업 심리 검사를 해 봅시다.

직업 심리 검사는 한국고용정보원에서 실시하는 것으로, 개인의 능력과 흥미, 성격 등의 심리적인 특성들이 각 직업에서 요구하는 능력 수준 및 특성에 얼마나 적합한지를 과학적인 방법으로 측정하여 보다 성공 가능성이 높고, 만족할 만한 직업을 탐색하도록 도와줍니다.

청소년 대상 심리 검사로는 청소년용 직업 흥미 검사, 고등학생 적성 검사, 청소년용 적성 검사(중학생용), 직업 가치관 검사, 청소년 진로 발달 검사, 청소년 직업 인성 검사(단축형), 청소년 직업 인성 검사(전체형), 고교 계열 흥미 검사, 대학 전공(학과) 흥미 검사, 초등학생 진로 인식 검사 등 10종이 있습니다.

청소년 대상 심리검사 | 성인 대상 심리검사

심리검사 명	검사시간	실시가능	검사안내	결과예시	검사실시
청소년용 직업흥미검사	30분	인터넷, 지필	안내보기	예시보기	검사실시
고등학생 적성검사	65분	인터넷, 지필	안내보기	예시보기	검사실시
청소년용 적성검사(중학생용)	70분	인터넷, 지필	안내보기	예시보기	검사실시
직업가치관검사	20분	인터넷, 지필	안내보기	예시보기	검사실시
청소년 진로발달검사	40분	인터넷, 지필	안내보기	예시보기	검사실시
청소년 직업인성검사 단축형	20분	인터넷, 지필	안내보기	예시보기	검사실시
청소년 직업인성검사 전체형	40분	인터넷, 지필	안내보기	예시보기	검사실시
고교계열흥미검사	30분	인터넷	안내보기	예시보기	검사실시
대학 전공(학과) 흥미검사	30분	인터넷	안내보기	예시보기	검사실시
초등학생 진로인식검사	30분	인터넷, 지필	안내보기	예시보기	검사실시

심리검사 결과조회 | 심리검사 상담하기

• 워크넷(http://www.work.go.kr)의 [직업·진로] → [직업 심리 검사] 메뉴 클릭

초등교육과가 설치된 대학

• KCUE 대학 입학 정보 http://univ.kcue.or.kr

설립	구분	대학명	지역
국립	교원대학	한국교원대학교	충북
	교육대학	경인교육대학교	인천
		공주교육대학교	충남
		광주교육대학교	광주
		대구교육대학교	대구
		부산교육대학교	부산
		서울교육대학교	서울
		전주교육대학교	전북
		진주교육대학교	경남
		청주교육대학교	충북
		춘천교육대학교	강원
	일반 대학	제주대학교	제주
사립		이화여자대학교	서울

사범대학이 설치된 대학

설립	대학명	지역	설립	대학명	지역
국립	강원대학교	강원	사립	동국대학교	서울
	공주대학교	충남		인하대학교	인천
	경북대학교	대구		성균관대학교	서울
	부산대학교	부산		한국외국어대학교	서울
	충남대학교	충남		이화여자대학교	서울
	전남대학교	전남		건국대학교	서울
	전북대학교	전북		홍익대학교	서울
	충북대학교	충북		한양대학교	서울
	경상대학교	경남		단국대학교	경기
	서울대학교	서울		영남대학교	대구
	제주대학교	제주		조선대학교	광주
	한국교원대학교	충북		중앙대학교	서울
	순천대학교	전남		대구대학교	대구
	안동대학교	경북		서원대학교	대전
사립	성신여자대학교	서울		우석대학교	전북
	상명대학교	서울		신라대학교	부산
	한남대학교	대전		경남대학교	경남
	전주대학교	전북		청주대학교	충북
	원광대학교	전북		목원대학교	대전
	계명대학교	대구		대구카톨릭대학교	대구
	관동대학교	강원		고려대학교	서울

특수교육과가 설치된 대학

설립	대학명	지역	설립	대학명	지역
국립	부산대학교	부산	사립	광주여자대학교	광주
	공주대학교	충남		한국국제대학교	경남
	전남대학교	전남		경동대학교	강원
	한국체육대학교	서울		용인대학교	경기
사립	대구카톨릭대학교	대구		광주대학교	광주
	루터대학교	경기		조선대학교	광주
	남부대학교	광주		우석대학교	전북
	전주대학교	전북		이화여자대학교	서울
	영동대학교	강원		경주대학교	경북
	가야대학교	부산		나사렛대학교	충남
	부산카톨릭대학교	부산		부산장신대학교	부산
	위덕대학교	경북		강남대학교	경기
	건양대학교	충남		영남대학교	대구
	동명대학교	부산		단국대학교	서울
	극동대학교	경기		원광대학교	전북
	중부대학교	충남		순천향대학교	충남
	동신대학교	광주		대구대학교	대구
	대전대학교	대전		인제대학교	경남
	한림대학교	강원		카톨릭대학교	서울
	백석대학교	충남		창원대학교	경남
	세한대학교	전남		대구한의대학교	대구

간호학과가 설치된 대학

4년제 대학 간호학과

가야대	남서울대	송원대	중앙대
가천대	단국대	수원대	중원대
가톨릭관동대	대구한의대	순천대	차의과학대
카톨릭대	대구카톨릭대	순천향대	창신대
강릉원주대	대구대	신라대	창원대
강원대	대전대	신경대	청운대
건국대	대진대	신한대	청주대
건양대	동국대(경주)	아주대	초당대
경남과학기술대	동명대	안동대	충남대
경남대	동서대	연세대	충북대
경동대	동신대	연세대(원주)	평택대
경북대	동아대	영동대	한국교통대
경성대	동양대	영산대	한국국제대
경상대	동의대	예수대	한국성서대
경운대	목포카톨릭대	우석대	한남대
경일대	목포대	우송대	한려대
경주대	배재대	울산대	한림대
경희대	백석대	원광대	한서대
계명대	부경대	위덕대	한세대
광주대	부산카톨릭대	을지대(성남)	한양대
고신대	부산대	이화여대	한일장신대
공주대	삼육대	인제대	한중대
광주여대	상명대(천안)	인천카톨릭대	호남대
그리스도대	상지대	인하대	호서대
군산대	서남대	전남대	호원대
극동대	서울대	전북대	
김천대	선문대	전주대	
꽃동네대	성신여대	제주대	
나사렛대	세명대	조선대	
남부대	세한대	중부대	

2 전문대학 4년제 간호학과

• 전문대학포털 My College http://www.mycollege.kr

카톨릭상지대	대구보건대	부천대	원광보건대
강릉영동대	대동대	삼육보건대	인천재능대
거제대	대원대	서영대	전남과학대
경남정보대	대전과학기술대	서울여자간호대	전북과학대
경민대	대전보건대	서정대	전주비전대
경복대	동강대	선린대	제주관광대
경북과학대	동남보건대	수성대	제주한라대
경북보건대	동아인재대	수원과학대	조선간호대
경북전문대	동원과학기술대	수원여대	진주보건대
경인여대	동의과학대	순천제일대	청암대
계명문화대	동주대	신성대	춘해보건대
광주보건대	두원공과대	안동과학대	충북보건과학대
구미대	마산대	안산대	충청대
군산간호대	목포과학대	여주대	한림성심대
기독간호대	문경대	영남이공대	혜전대
김해대	백석문화대	영진전문대	호산대
대경대	부산과학기술대	용인송담대	
대구과학대	부산여대	울산과학대	

3 전문대학 3년제 간호학과

강동대	군장재	송곡대	창원문성대
강원관광대	서라벌대	송호대	포항대
경남도립거창대	서일대	영남외국어대	한영대
광양보건대	세경대	우송정보대	

교사 임용 시험 요강

교사 임용 시험은 합리적인 방법과 절차를 통하여 수준 높은 양질의 문항을 출제함으로써 교사로서의 전문적인 능력을 측정하는 평가 방법입니다.

1차와 2차로 이루어지는 시험의 출제와 채점은 한국교육과정평가원이 맡고 있으며, 시행 공고, 원서 교부·접수, 문답지 운송, 시험 실시, 합격자 발표는 각 시·도 교육청별로 진행합니다. 시험 요강은 연도별, 지역별로 차이가 있으므로 지원하는 연도별, 지역별로 확인해야 한다.

다음의 교사 임용 시험 요강은 2015년 기준이며, 독자들의 이해를 돕기 위해 예시로 실었습니다.

공립 유치원·초등 교사 임용 시험 요강

① 응시 자격

구분		응시 자격 요건
유치원 교사		· 유치원 준교사 이상의 자격증 소지자
초등학교 교사		· 초등학교 준교사 이상의 자격증 소지자
특수 학교 교사	유치원	· 특수 학교(유치원) 준교사 이상의 자격증 소지자
	초등	· 특수 학교(초등) 준교사 이상의 자격증 소지자

② 선발 시험

가. 1차 시험

선발 분야	시험 과목	배점	출제 범위	문항수	시간(분)	비고
유치원 교사	교직 논술	20	유치원 교직·교양 전 영역	1	60	논술형(원고지 형태 1,200자 이내)
	교육 과정	80	유치원 교육 과정 전 영역	16문항 내외	140	기입형, 서술형
	한국사	한국사능력 검정시험으로 대체				
초등 학교 교사	교직 논술	20	초등학교 교직·교양 전 영역	1	60	논술형(원고지 형태 1,200자 이내)
	교육 과정	80	초등학교 교육 과정 전 영역	22문항 내외	140	기입형, 서술형
	한국사	한국사능력 검정시험으로 대체				

<table>
<tr><th>선발 분야</th><th>시험 과목</th><th>배점</th><th>출제 범위</th><th>문항수</th><th>시간(분)</th><th>비고</th></tr>
<tr><td rowspan="3">특수
학교
(유치원)
교 사</td><td>교직 논술</td><td>20</td><td>특수 학교 교직
교양 전 영역</td><td>1</td><td>60</td><td>논술형
(원고지 형태
1,200자 이내)</td></tr>
<tr><td>교육 과정</td><td>80</td><td>특수 교육학 전 영역
특수 교육 교육 과정
(유치원) 전 영역
유치원 교육 과정 전 영역</td><td>16문항 내외</td><td>140</td><td>기입형, 서술형</td></tr>
<tr><td>한국사</td><td colspan="5">한국사능력 검정시험으로 대체</td></tr>
<tr><td rowspan="3">특수
학교
(초등)
교사</td><td>교직 논술</td><td>20</td><td>특수 학교 교직
교양 전 영역</td><td>1</td><td>60</td><td>논술형
(원고지 형태
1,200자 이내)</td></tr>
<tr><td>교육 과정</td><td>80</td><td>특수 교육학 전 영역
특수 교육 교육 과정
(초등) 전 영역
초등학교 교육 과정 전 영역</td><td>16문항
내외</td><td>140</td><td>기입형, 서술형</td></tr>
<tr><td>한국사</td><td colspan="5">한국사능력 검정시험으로 대체</td></tr>
</table>

나. 2차 시험

<table>
<tr><th>모집 분야</th><th colspan="2">시험 과목</th><th>배점</th><th>출제 범위</th><th>비고</th></tr>
<tr><td rowspan="2">유치원
교사 및
특수 학교
(유치원, 초등)
교사</td><td colspan="2">교직 적성
심층 면접</td><td>50</td><td>교사로서의 적성, 교직관, 인격 및 소양</td><td>1인당 10분
구술형</td></tr>
<tr><td colspan="2">수업 실연</td><td>50</td><td>교사로서의 학습 지도 능력과 의사소통 능력</td><td>1인당 15분
구술형</td></tr>
<tr><td rowspan="4">초등
학교
교사</td><td colspan="2">교직 적성
심층 면접</td><td>40</td><td>교사로서의 적성, 교직관, 인격 및 소양</td><td>1인당 10분
구술형</td></tr>
<tr><td colspan="2">수업 실연</td><td>50</td><td>교사로서의 학습 지도 능력과 의사소통 능력</td><td>1인당 15분
구술형</td></tr>
<tr><td rowspan="2">영어
평가</td><td>영어 면접</td><td>5</td><td>영어 의사소통 능력</td><td rowspan="2">1인당 10분
구술형</td></tr>
<tr><td>영어 수업
실연</td><td>5</td><td>영어로 진행하는 수업 능력</td></tr>
</table>

2 공립 중등 교사 임용 시험 요강

① 응시 자격

선발 분야	응시 자격
중등 학교 교사	• 선발 예정 표시 과목의 중등 학교 준교사 이상 교원 자격증 소지자 및 부전공 표시 과목 교원 자격증 소지자
특수 학교 (중등) 교사	• 전공 표시 과목에 관계없이 특수 학교(중등) 준교사 이상 교원 자격증 소지자(치료 교육, 재활 복지, 직업 교육 포함)
보건 교사	• 보건 · 양호 교사(1급, 2급) 자격증 소지자
영양 교사	• 영양 교사(1급, 2급) 자격증 소지자
전문 상담 교사	• 전문 상담 교사(1급, 2급) 자격증 소지자 • 전문 상담 교사(초등, 중등, 특수) 자격증 소지자 • 교도 교사 자격증 소지자

② 선발 시험

전형별	시험 과목	대상
제1차 시험	교육학	제1차 시험 응시자 전체
	전공 A	
	전공 B	
제2차 시험	실기 평가	체육, 음악 ,미술 제1차 시험 합격자
	수업 실연	제1차 시험 합격자(비교수 교과 제외)
	교직 적성 심층 면접	제1차 시험 합격자 전체

가. 1차 시험

시험 과목 및 유형			문항 수	배점	출제 범위(비율) 및 내용
교육학	1교시 (60분)	논술형	1문항	20점	교육학개론, 교육철학 및 교육사, 교육 과정, 교육평가, 교육방법 및 교육공학, 교육심리, 교육사회, 교육행정 및 교육경영, 생활지도 및 상담

전공	전공 A	2교시 (90분)	기입형	10문항	20점	40점	• 교과교육학과 교과내용학: 교육과학기술부 고시 제2012-27호에 제시된 표시 과목의 기본 이수 과목(또는 분야) 중 – 교과교육학(25~35%) 교과교육학(론)과 임용 시험 공고일 현재까지 국가(교육부 등)에 의해 고시되어 있는 총론 및 교과 교육 과정 등 – 교과내용학(65~75%) 교과교육학(론)을 제외한 과목 ※ 중등 외국어 과목은 해당 외국어로 실시 ※ 특수 학교 교사도 동일하게 적용 • 비교수 교과는 교과내용학에서 100% 출제
			서술형	4문항	20점		
	전공 B	3교시 (90분)	서술형	4문항	20점	40점	
			논술형	2문항	20점		
	소계				80점		
계					100점		

나. 2차 시험

<table>
<tr><th rowspan="2">시험 과목</th><th rowspan="2">출제 범위 및 내용</th><th colspan="3">배점</th><th rowspan="2">비고</th></tr>
<tr><th>일반 교과</th><th>실기 교과</th><th>비교수 교과</th></tr>
<tr><td>교직 적성 심층 면접</td><td>• 교원으로서의 적성, 교직관, 인격 및 소양
[중등 외국어 과목은 일정 부분을 해당 외국어로 실시]</td><td>40</td><td>40</td><td>100</td><td></td></tr>
<tr><td>수업 실연</td><td>• 수업 실연
[중등 외국어 과목은 해당 외국어로 실시]</td><td>60</td><td>20</td><td>·</td><td>비교수 교과 제외</td></tr>
<tr><td>실기 평가</td><td><table>
<tr><td rowspan="2">체육</td><td>필수</td><td>육상, 수영, 구기(필드형, 네트형)</td></tr>
<tr><td>선택</td><td>무용, 마루 운동 중 택 1</td></tr>
<tr><td colspan="2">음악</td><td>시창, 청음, 피아노 연주, 단소, 장구치며 노래하기</td></tr>
<tr><td colspan="2">미술</td><td>서양화, 한국화, 조소, 디자인</td></tr>
</table>
※ 세부 평가 내용은 제1시험 합격자 발표 시 공고함.</td><td>·</td><td>40</td><td>·</td><td>해당 교과</td></tr>
<tr><td>계(배점)</td><td></td><td>100</td><td>100</td><td>100</td><td></td></tr>
</table>

교사와 관련된 영화

■ 죽은 시인의 사회 _ 학생들의 진정한 꿈을 찾아 준 키팅 선생님

미국의 명문 고등학교인 웰튼 아카데미는 매년 수많은 학생들을 아이비리그에 진학시키는 것으로 유명하다. 그 학교에 영어 선생님의 자리가 비자 새로운 선생님으로 웰튼 아카데미의 유명 졸업생인 존 키팅이 부임하게 된다.

첫 수업에서 키팅 선생님은 월트 휘트먼의 시에 나오는 문장을 인용하며 학생들에게 자신을 'oh captain, my captain'이라 부르라고 한다.

그리고 자신의 꿈도 무엇인지도 모르고 부모의 뜻에 의해서만 움직이는 학생들에게 '카르페 디엠'을 이야기하며 시간이 있을 때 현재를 즐기라고 한다. 수업 중 키팅 선생님은 시는 시험을 보기 위해 배우는 것이 아닌 생각하는 법과 말과 언어의 맛을 알아가기 위해 배우는 것이라고 말하며, 학생들에게 교과서에서 시에 관해 구조적인 설명만을 늘어놓은 부분을 과감하게 찢어 버리라고 한다. 또한 수업 중에 교탁 위로 올라가 세상을 다른 각도에서 보라고 가르친다. 그것은 책을 쓴 저자의 생각을 알아내는 것이 아닌 학생 자신들의 생각을 표현하라는 것을 가르치기 위한 것이었다. 다시 말해, 부모와 사회가 이끄는 대로 따라가는 것이 아닌 자신의 생각과 목소리를 낼 줄 알아야 한다는 것이었다.

키팅 선생님의 이런 파격적인 수업 방식을 처음에는 의아하게 생각하던 학생들이 점점 그의 교육 방식을 이해하며 그를 따르게 된다.

그러 던 중 키팅 선생님에게 동화된 학생들은 '죽은 시인의 사회'와 비슷한 모임을 만들고, 매일 밤 학교 기숙사를 빠져나와 동굴에서 몰래 시를 읽으며 서로 어울리고 이야기를 나누면서 점점 자신들의 자아를 찾아 가게 된다.

모임 중에는 닐이라는 학생이 있었는데, 닐은 어느 날 '한 여름 밤의 꿈' 연극의 배우를 모집한다는 광고를 보고 지원하여 배역에 캐스팅되었다. 하지만 아버지는 반대를 하셨고, 연극을 마친 닐을 강제로 이끌어 군인 양성학교에 입학시킨다. 그날 밤 닐은 총으로 자살을 하고 만다. 아버지는 닐이 죽었다는 사실을 학교에 알리고, 키팅 선생님을 배후로 지목한다. 그러자 학교에서는 강제로 키팅 선생님을 해고한다.

키팅 선생님이 학교를 떠나기 전 자신의 물건 찾으러 잠시 교실에 들르자 토드(죽은 시인의 사회 회원)는 책상 위에 올라가 키팅 선생님을 향해 "Oh captain, my captain'을 외친다. 그러자 다른 학생들도 책상 위에 올라가 똑같이 외치며 진정한 가르침을 준 스승에게 존경의 마음을 표현한다.

▪ 굿 윌 헌팅 _ 마음의 상처를 치료하고 학생의 잠재력을 이끌어낸 램보 선생님

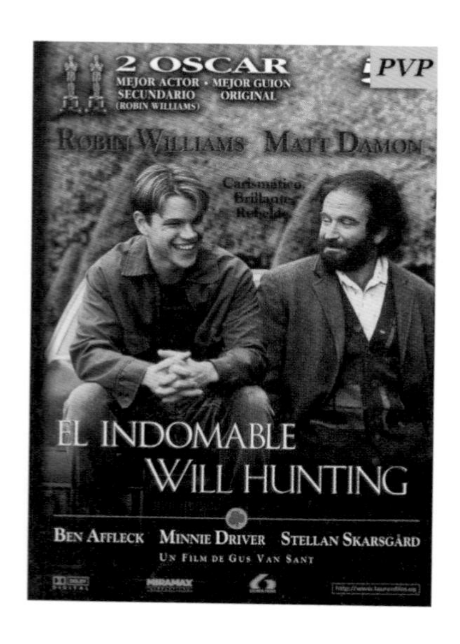

미국 MIT 대학의 수학과 교수 램보는 자신도 풀지 못하는 숙제를 학생들에게 풀어 보라며 게시판에 써 놓는다. 그러다 게시판에 누군가 낙서를 하고 있는 게 보여 그곳으로 달려가 보니 그 청년은 도망가 버렸고, 게시판에는 문제에 대한 정답이 적혀 있었다. 수소문 끝에 그 문제를 푼 청년이 학교 청소부라는 것을 알게 된다. 그가 바로 '윌 헌팅'이다.

램보는 윌의 천재성을 알아보고 학문의 세계로 끌어들이려 하지만, 윌은 어두운 성장기를 거친 탓에 무척이나 거칠고 제 멋대로였다. 그러던 중 윌은 친구들과 함께 싸움을 하다 감옥에 가게 되고 결국 램보 교수의 도움을 받는다. 램보 교수는 자신이 윌을 돌보겠다며 그를 감옥에서 빼내와 친구이자 심리학 교수인 숀에게 데려가서 윌의 치료를 부탁한다.

윌은 어렸을 때 아버지의 폭력에 시달리고, 얼마 지나지 않아 부모를 잃어버리는 고통을 겪으며 성장한다. 그는 그로 인한 애정 결핍과 버림받는 것에 대한 두려움, 천재적인 두뇌를 가지고 있지만 그것을 해소할 수 없는 현실과 미래에 대한 불안감 등을 가진 상처받은 영혼이었기에 사회생활이 불가능했던 것이다. 그리고 윌을 치료하는 숀 또한 마음의 상처를 가지고 있다.

숀은 윌을 치료하기 위해 최면 요법이나 심리학 이론이 아닌 내담자와 상담자가 맺는 신뢰만이 내담자 마음의 문을 열게 한다는 것을 믿었다. 그는 윌의 상처를 보듬어 안고 진정한 친구(Soul mate)가 되어 주고자 한다. 그렇게 숀과 윌이 만나게 되고 윌은 숀의 진심을 서서히 느끼면서 마음의 문을 조금씩 열게 된다. 숀의 진정한 마음을 윌이 받아들일 때까지 "네 잘못이 아냐!"를 9번이나 반복한다.

숀의 말에 울음을 터뜨린 윌, 숀은 윌에게 말한다. "그래. 그건 네 잘못이 아냐! 누군가 책임져야 한다면 그건 너를 이 세상에 보낸 신(神)이겠지. 자, 눈물을 닦고 네 자신을 위로하렴. 자기를 포기해선 안 돼."

윌이 성숙해지는 과정에는 숀 교수의 역할이 컸지만, 그의 연인 스카일라와 친구인 척키의 영향도 있었다. 윌은 숀 교수로부터 누군가에게 진심으로 마음을 여는 것에 대해 배우게 되고, 스카일라를 통해 진정한 사랑을, 그리고 척키를 통해 진정한 우정을 알게 된다. 그곳에서 삶의 방향을 새롭게 정한 윌은 새로운 삶과 자신의 사랑을 찾아 떠나게 된다.

■ 블랙 _ 학생을 향한 헌신으로 캄캄한 인생 속 한줄기 빛을 찾아 준 사하이 선생님

미셸은 2살 때 병을 얻게 된다. 의사는 미셸의 부모에게 "이 아이는 앞을 볼 수 없고, 소리를 들을 수도, 말을 할 수도 없을 겁니다."라고 말한다. 미셸은 이후로 자신의 생각이나 마음을 제대로 표현할 수가 없었고, 제대로 배울 수도 없었고, 세상을 제대로 바라볼 수도 없었다. 자연히 거칠고 난폭한 아이가 되어 가고 있었다. 참다 못한 아버지는 미셸을 마치 짐승처럼 대하며 감시하기 위해 방울을 채운다.

이런 미셸에게 어느 날 선생님이 생기게 된다. 수염이 가득한 사하이 선생님이었다. 아무것도 보이지 않는 검은색과 같은 미셸에게 세상에 빛을 가져다주기 위해서 이 선생님은 최선의 노력을 하기 시작한다. 세상의 질서를 알려주고, 다른 사람과 함께 살아가기

위해 자신의 고집을 꺾는 법, 그리고 세상을 바라보는 법을 알려준다.

선생님은 세상의 모든 이름을 미셸에게 알려주기 시작한다. 미셸은 계속해서 배워 대학에 들어가 12년이라는 긴 시간이 걸려 졸업을 하게 된다. 미셸은 대학 졸업식장에서 이렇게 말을 한다.

"어릴 적에 전 항상 뭔가를 찾았습니다. 하지만 결국 찾은 것은 어둠뿐이었습니다. 어느 날 어머니께서 저를 모르는 사람의 팔에 넘기셨습니다. 그는 세상 누구와도 달랐습니다. 그분은 마술사였습니다. 수년 동안 그분은 나를 어둠에서 빛으로 이끄셨습니다. 하나님의 눈으로 보면 우린 모두 맹인입니다. 여러분 중 누구도 그분을 보거나 듣지 못했으니까요. 하지만 전 하나님을 만져봤습니다. 전 그분의 존재를 느꼈습니다. 전 그 분을 '티처(techer)'라고 부릅니다. 제겐 모든 게 검습니다. 하지만 선생님께선 검은색의 새로운 의미를 알려주셨습니다. 검은색은 어둠과 갑갑함뿐만이 아닙니다. 그건 성취의 색입니다. 지식의 색입니다. 졸업 가운의 색입니다."

제대로 들을 수도, 말할 수도, 볼 수도 없는 미셸의 세계, 블랙. 그러나 이 검은색은 성취의 색으로, 지식의 색으로 곧 빛의 색으로 바뀌었다. 그것은 미셸을 헌신적으로 돌보며 홀로 설 수 있도록 도와준 한 선생님이 있었기에 가능한 것이었다. 인식의 길을 열어준 선생님, 단어의 의미를 이해하도록 빛을 보여 준 선생님은 공교롭게도 치매에 걸려 모든 것을 잊어버렸다. 역시 블랙. 이제는 미셸이 선생님의 빛이 되어 준다. 모든 것을 잊어버린 그 선생님이 미셸을 통해 처음으로 세상을 다시 기억하게 된 단어, 그것은 미셸이 처음으로 세상을 인식하게 된 첫 단어인 물(Water)이었다. 이렇게 선생님과 미셸은 하나로 엮어진다.